うまい

戦略コンサルタント／データサイエンティスト

山本大平

でも、断ったら……

「別の仕事を振られるに決まってる」

「能力不足だと思われたくない」

10年後、いまの職場で働いていますか？

何をして働いているのか、

そのためにどんなスキルや知識が必要なのか、

誰にもわかりません。

嫌な仕事は断ってもいい。
人生は一度きり。
あなたの人生を生きてみませんか？

はじめに

いきなりですが、質問をさせてください。

「あなたは、いまの仕事に満足できていますか？」

この質問に対して心から「ＹＥＳ・はい」と答えた方は本当に幸せだと思います。

しかし、「いまの仕事に満足していない」「将来の不安を感じている」「働きに見合った対価をもらっていない」「この仕事をやる意味がわからない」という方は、どうぞこの先を読み進めてください。

もうひとつ質問をさせてください。

「みなさんは【仕事】という2文字からどんなことを連想されますか？」

おそらく最も多い連想は「お金を稼ぐためにやること」ではないでしょうか。もちろんそれも仕事のひとつの形です。

ただ、本書『嫌な仕事のうまい断り方』では「仕事」という言葉を、もう少し違った角度から捉え直すきっかけも提示しています。

さらにもうひとつ質問をします。

「みなさんは仕事をするために生まれてきたのですか？」

動揺される方も少なくないと思います。戸惑わず「YES・はい」と答える方がこの日本に何パーセントいるのか、私も知りたいくらいです。

私たち人間には寿命があります。これは紛れもない事実です。そして1日は24時間。また、健康に身体が機能する健康寿命もおおよそ決まっています。仮にあなたが定年退職し、老後に自分の人生を謳歌しようと考えていたとしても、その場合は健康であることが前提となります。

『死ぬ瞬間の5つの後悔』(ブロニー・ウェア著、仁木めぐみ訳、新潮社)という書籍があります。著者のブロニー・ウェア氏は、緩和ケアの介護に長年携わってきたヘルパーです。彼女のブログ記事が書籍のもとになっていて、世界中で翻訳されて読まれ続けています。この書籍で紹介されているのが、次の5つの「人生の後悔」です。

1. 自分に正直な人生を生きればよかった
2. 働きすぎなければよかった
3. 思い切って自分の気持ちを伝えればよかった
4. 友人と連絡を取り続ければよかった

5. 幸せをあきらめなければよかった

自分も死ぬ前に後悔したくない。そう思われた方も多いのではないでしょうか。しかし現実は嫌なことや嫌な仕事だらけです。そしてその中の嫌な仕事を「嫌だから」という理由で真っ向から拒否すれば仕事が無くなり、その結果、生活もできなくなるのがいまの日本の現状です。

では、どうすればよいのでしょうか？
うまく断ればいいのです。

そんなことできるわけがない。断る時点で自分の首を絞めるようなものだよ。
そんな声も聞こえてきそうですが、果たしてそうでしょうか？
断り方次第ではないでしょうか？

断わらない自分を貫き通した先にあるのは先述した**「死ぬ前の後悔」**。

それでも、みなさんは「嫌な仕事」を、お金をもらうためだけに続けますか？

もうお気付きかと思いますが、本書は「断り方」だけに留まらず、**自分主体の人生を生きるための術**をまとめたものです。

いまみなさんが直面している辛い職場状況を脱する術はもちろんのこと、一方でみなさんが自分の人生の主役として活躍するための書籍でもあります。

本書がみなさんの**有意義な人生時間を手に入れるための一冊**になれば幸いです。

それでは『嫌な仕事のうまい断り方』、スタートです。

嫌な仕事にもいろいろある

このページを
チェック!

質	求められるクオリティが高い 能力的に厳しい	28ページ
時間	納期が短い 別件が進行中	28ページ
目的	ゴールが曖昧 やる意味がわからない	66ページ
人	質問に答えてくれない 無茶振りばっかり	69ページ

目次

第2章

嫌な仕事はしなくていい

第3章

嫌な仕事が身を助ける

武器

第4章 「転社」でしか見えないもの

第5章

独立の前に海外へ

第6章

嫌な仕事との付き合い方

――味方

第 1 章

嫌な仕事の うまい断り方

そもそも断っていいもの

この章は

こんな人に 読んでほしい

- 嫌な仕事の**うまい断り方**を知りたい
- とにかく**いまの仕事が嫌**
- いまの**仕事**をしている**意味がわからない**
- 上司とはあまり会話をしたくない

「センパイ、ちょっと聞いていただきたいことがあるんですが」

どうしたの？　何でも話してみて。

「実は、会社で嫌な仕事ばかり振られていて、モチベーションが下がりまくっているんです」

嫌な仕事ばかり振られているのか。それは大変だね。でも、どうして嫌な仕事ばかり振られてしまうんだろうね。

「わかりません。上司からは私が暇に見えているのかもしれません。実際には、他の人よりもたくさん仕事を抱えていて、新しい仕事を入れる余裕なんてないのに」

なるほど、上司はあなたの仕事の状況を把握していないんだね。ほかにも理由は考えられる？

「うーん。どうでしょうか」

もし、あなたがその仕事を断ったらどうなると思う？

「え、仕事を断るんですか？　それは無理です。だって、評価に響いて給料に響くかもしれないし。それは嫌なんです」

もし、給料に響かなかったとしたら？

「それはないと思うんですけど、自分がその仕事を断ったら上司も困るでしょうね。正直、自分以外の人にその仕事ができるとも思えないですし」

でも、あなたにはその仕事をする時間がないんでしょう？

「そうそう。どうして上司はわかってくれないんでしょうか」

それを上司に聞いてみたら？

「どうしてわかってくれないんですか!!　……こんな感じですか？」

いやいや、それじゃあ喧嘩になってしまうでしょう。そもそも、いま、ほかの仕事でいっぱいいっぱいだ、ということを伝えたことはある？

「いや、ないですけど。だって、それじゃあ私が能力不足みたいに思われたりしないですか？」

どうなのかなあ。

「あ、もしかしてセンパイ、上司の肩を持つんですか。そうだとしたらがっかりです」

がっかりする前に、その上司とコミュニケーションしてる？

「コミュニケーションですか。いや、あんまりそういうの好きじゃないので。プライベートのことは会社では話したくないんです」

会社で「素《す》」でいられている？

「素ですか。それはないですね。会社にいるときは会社用の自分でいます」

なるほど、だとすると嫌な仕事は、ずっとなくならないかもしれないね。

嫌な仕事を依頼されたら

嫌な仕事、たくさんありますよね。

私も嫌な仕事を断ってきました。

「その仕事、やる意味があるのかな」

「私が関わる必要、あるのかな」

「この瞬間は良くても、この先も続けるべきなのかな」

そういった疑問が、どうしても拭えなかったからです。


きっとこの本を手にとってお読みくださっている方も、これまでも何度となく「この仕事、嫌だな」「やりたくないな」と思ったことがあるでしょう。

そしてたいてい、「嫌でも仕方ない」「やりたくないけどやるしかない」などと思って取り組んできたのではないでしょうか。

そこには、嫌でもやるのが仕事、やりたくなくてもやるのが仕事。お金をもらうためには多少の我慢も必要、そんな思い込みがあるのだと思います。

でも、嫌なものは嫌というのが、人間共通の本音ではないでしょうか。

なので、**嫌な仕事は断っていい。**

私はそう思っています。

実際に、冒頭で触れた仕事も断りました。説明をしてもらったにもかかわらず、その仕事の意義が理解できなかったからです。

ただ、断ると言っても「その仕事は嫌なのでやりません」という言い方はあまりスマートではありません。それでは確実に波風が立ちます。そして、波風の立たない断り方があります。

もしも上司から「100メートルを8秒で走る仕事があるんだけど、やってくれない？」と言われたら、どうしますか。

できませんよね。いまのところ、世界記録だって9秒台ですから、この仕事は全人類が受けられません。なので、実際にはこうした仕事を振ってくる人はいないはずです。

ただ、嫌な仕事のうちいくつかはこの「100メートル8秒」のように、**能力的に無理**な仕事であるケースがあります。

この場合は、簡単に断れます。

自分がその仕事を嫌だと思っているかどうかではなく、その仕事をするだけの力がないと伝えればいいのです。

「実は、前に走ったときは17秒かかってしまって、8秒では無理です」
「先日、アキレス腱を痛めたので走れません」
やりたくないのではなく、できない。

伝えるのは、どう思っているかではなく、実際にどうなのか。感情ではなくファクトです。

能力はあってもできない仕事もあります。

それはたとえば、こんな仕事です。
「いまから1時間、窓の外を見守り続けてくれない？」
8秒で100メートルに比べると、たいていの人にできそうです。

でも、実際にこれを仕事として受けようとすると、難しいこともあるでしょう。たとえば、いまから会議があるとか、30分後には出かけなくてはならないとか、1時間後の締め切りに間に合わせるために資料をつくらなくてはいけないとか……つまり、ほかの仕事があって、窓の外の見守りに割く1時間を確保できない場合です。

この場合も、断るのはそう難しくないのではないでしょうか。

「この後外出するので、時間的に難しいです」

「急ぎの仕事があるので、1時間ずっとは厳しいです」

つまり、**やりたいかやりたくないかではなく、時間的な制約からできない**ということを、伝えればいいのです。

能力的にできない、または、時間的にできない。これが、嫌な仕事を断るときの最強の言い訳です。

相手を納得させるために「立ち位置」を変える

同じことを伝えるにしても、それに対する反応は、伝え方次第です。

「できません」

文字にすると同じでも、怒りをあらわにはねつけるように言うのか、やりたいけれどできないことを残念そうに言うのかで、与える印象が変わります。

能力的・時間的にできないというファクトは変わらなくても、相手との接点、インターフェースを変えるだけで、相手が**「だったら仕方ないな」**と納得するようになるのです。

では、インターフェースのどこを変えるのか。

声を変える、表情を変える、いろいろ選択肢はありますが、私の一番のおすすめは、**立ち位置を変える**ことです。

立ち位置とは、文字通りの立ち位置ではなくて、**心の立ち位置**です。

上司は、あなたにこの仕事をやってもらいたいと思っている。

あなたは、この仕事をやりたくないと思っている。

この場合、上司とあなたの立ち位置は正面から向き合ってしまっています。利害関係が完全に不一致で、敵対してしまっています。これでは「やれ」「やりたくない」の押し問答になりかねません。


そこで、あなたも上司の側に立ちます。あくまで、気持ちの問題です。

まずは**「私もこの仕事を私にやらせたい」という立場に立つ**のです。

「できればいいいんですけど」

「やれたらいいなと思うんですけど」

などと、思いは上司と同じだと表明します。

その上で、それなのに、能力的・時間的にできないことを、上司に理解してもらうのです。


ここで大切なのは、上司に対して「できない」と伝えることではありません。

上司に**「あ、確かにそれではできないな」と納得してもらう**ことです。

なので、あなた自身が「できない」と口にする必要はないかもしれません。

これまで挙げてきた例で表現するならば、

「実は、前に走ったときは17秒かかってしまって」

「足を痛めていて」

「この後外出するので」

「急ぎの仕事があるので」

といった、できない理由さえ伝えれば、上司は自動的に「あ、確かにそれはできないな」と思ってくれて「だったらいいよ」となる可能性が高いです。

特にその理由は、具体的であればあるほど、効果的です。

外出するなら、どこへ何をしに行くのかは重要なポイントです。急ぎの仕事も、どれだけ急ぎなのかに説得力をもたせます。

大事なのはまず、本当はやりたいという意思を伝え、その上で、できないという事実よりもその理由を伝えることです。理由がわかれば、人は納得するのです。

重要なのは
「あ、確かにそれはできないな」と
上司に納得してもらうこと。

能力的にできない

[できなかった経験がある]

「前に一度やってみたのですが、うまくできませんでした」

[周囲に迷惑をかけた]

「以前その分野で、スキルが足りず、結局○○さんに
手伝ってもらいました」

[要求が高すぎる]

「(別の仕事)ならなんとかできましたが、いまの自分には難しいです」

時間的にできない

[急ぎの仕事がある]

「お客様から問い合わせがあって、急ぎで資料を
用意しないといけないんです」

「別件の緊急対応中で、手が回りません」

[既に予定がある]

「○○社で打ち合わせの予定が入っていて、難しいです」

「□□さんから依頼されている案件を、△△時までに
仕上げないといけないので、ちょっと厳しいです」

そもそも、嫌な仕事は断っていい

それでも、仕事を断りにくいと感じることもあるでしょう。

しかし、大前提として、**仕事は断ってもいいもの**です。無理なことはできないのですから、引き受けてしまって「やっぱりできませんでした」となるよりは、最初の段階で断るほうが、責任感が強いともいえます。

これは、プライベートの誘いでも同じです。

どこかへ遊びに行くのに誘われたら、誘われたことそのものには感謝しつつ、行くか行かないかは自分で決めるはずです。仮に、誘われた日にこれといった用事がなかったとしても、気が乗らなかったり興味を持てなかったりしたら、断るのは自由です。それと同じ自由が、仕事にもあるだけです。

そうであるにもかかわらず「どんな仕事も断ってはいけない」と思い込んではいないでしょうか。思っているのであれば、それは勘違いです。むしろ**「どんな仕事も断っていい」**のです。

嘘だと思うなら、試しに一度、断ってみてください。断ったところで、ほとんど何も変わりません。あなたがその仕事を断ったからといって、部内の業務が回らなくなるなんていうことはありません。その瞬間から社内に居場所がなくなることも、給与が激減することも実はありません。ただ、周りには「この人は、仕事を断ることもある人なんだな」と思われるだけです。そしてこの認識の変化こそが、あなたを助けます。

上司はあなたのことを知らない

何かに対して「いいですよ」「できますよ」と答えるのに比べると「ダメです」「できません」と答えるのは、あまり気分のいいものではありません。

やはり人間、ノーと言うよりイエスと答えるほうが、気持ちが楽なのです。

なので、嫌な仕事を依頼されて断るくらいなら、そもそも、嫌な仕事を依頼されずにすむように、予防策を講じておきたいと思うのは、なんら不思議なことではありません。

では、その予防策とはどのようなものでしょうか。

そもそも、上司はなぜ、あなたに100メートル8秒とか、1時間の見張りとか、あなたが嫌だと思う仕事を振ってくるのか。

あなたに期待しているから、あなたならできると思っているから、あなたになら頼みやすいから、あなたがたまたま近くにいたから……いろいろな可能性があります。

そして、きっと一番可能性が高いのは、上司によるあなたへの理解不足です。

あなたがどんな人なのか、あなたがいま、どんな仕事を抱えているのか、あなたにはどんな能力があって、どれだけ時間があるのか、そういったことを把握していないから、あなたから見ると、見当外れの、嫌な仕事を持ちかけてくるのです。

仕事が忙しすぎるという悩みを抱えるのは、仕事ができる人だけです。

ですから、嫌な仕事を断らずにすむように、嫌な仕事を持ちかけられたくなかったら、**あなた自身のこと、そして仕事状況を上司に把握しておいてもらう必要があるの**

です。

もしも「いつも嫌な仕事ばかり押し付けられる」と思っている人がいたら、その理由は、本当のあなたと、上司の見ているあなたとのギャップにあるのだと思います。

そのギャップを埋めるには、本当のあなたを上司の見ているあなたに近づけるか、上司の見ているあなたを本当のあなたに近づけるか、どちらかでしょう。

私ならもちろん、上司の見ている私を本当の私に近づけます。「いやいや、私はそういう人間ではありませんよ、これが私ですよ」というように、上司の誤解を解くイメージです。

しかし実際には、上司の思うあなたに、本当のあなたを近づけているケースが多いようです。これは、上司を会社に置き換えると、もっとわかりやすくなるでしょう。

多くの会社員は、会社が思うあなたに、本当のあなたをなんとか近づけようとしすぎているのです。

入社面接のときのことを思い出してください。

そこで、本音を話しましたか？　本当の自分を偽りませんでしたか？

入社したいがためにもしも自分を偽っていたなら、会社、そして上司があなたのことを誤解しているのも仕方のないことです。

嫌な仕事を振られないようにするには、その誤解をなんとかして解く必要があるでしょう。

「素」でいる

あなたのことを周囲に誤解させないために大切なのは、ありのままでいることです。**素でいる**ことです。

本心を隠さないことです。100メートルを8秒で走れそうには振る舞わないことです。上司の言葉に二つ返事でどんな仕事でも引き受けるようには見せないことです。

職場ではずっと職場向けの自分を演じてきた人には、この素でいるというのは、なかなかハードルが高いことかもしれません。

しかし、これからも職場向けの自分を演じ続けていては、絶対に本当のあなたと会社の思うあなた（＝あなたの演じてきた職場向けのあなた）とのギャップは埋まりません。
その結果、嫌な仕事が舞い込み続け、断り続けなくてはならなくなります。そうでなければ、嫌な仕事を受け入れ続けるしかありません。

そして、**自分を偽り続けるのはしんどい**ものです。思い出してください。赤ん坊のときに偽って生きていましたか？　いませんよね（笑）。

だったら、最初から素でいたほうがずっと楽です。

素でいるとはたとえば、実家にいるときのように振る舞うことです。
といっても、身なりに気を使わないとか、自由気ままに過ごすとか、そういう意味ではありません。
そうではなく、**したいことをして、したくないことはしない、そういう人間なのだということを、隠さないこと**です。

嫌な仕事を振られたら断ることもある人なんだなと、思ってもらうことです。

そして、そう思ってもらうには、実際に嫌な仕事を断るのが最も効率的です。

私はいつでも素です。新卒で入ったトヨタでも、その後、移ったＴＢＳでもアクセンチュアでも、独立したいまも、どこにいても素でいます。

なので、嫌な仕事が舞い込んでくることは、どんどん無くなっていきました。冒頭で書いたようなことは、ほとんど発生しないように自然となってきたのです。

とはいえ、いきなり素でいろと言われても困る人もいるでしょう。

そこで、素になる前にできることがあります。

挨拶には現状報告をプラスする

上司があなたの現状を知らないのは、上司の観察不足かもしれません。
でも、それ以上に、あなたがあなたを上司が観察しやすいようにしていないのかもしれません。だから上司からは本当のあなたが見えなくて、それがギャップの要因になっている。ひとまずそう考えて、上司に本当のあなたを見えやすくしてみましょう。

手っ取り早いのは、コミュニケーションを取ることです。

そして、一番お得なコミュニケーションは、挨拶です。

毎日、上司に挨拶をしていますか。朝、「おはようございます」と言ってそれっきりになっていないですか。だとしたら、とてももったいないです。

朝の挨拶の後も、エレベーターで乗り合わせたり廊下ですれ違ったりしたら「お疲れさまです」と声をかけていますか。かけているだけなら、それもやはりもったいないです。

リアルの世界の挨拶は、SNSで言えば「いいね！」です。アクションするのにそれほどのエネルギーは必要ありません。してもしなくても労力はさほど変わりません。しかし、された側の印象は180度異なります。まったく「いいね！」してくれない人のことより、してくれる人のほうを好意的に捉えます。

挨拶は好印象を与えるものであり、コミュニケーションのきっかけでもあるので、それを活かして、「今日はこの仕事をします」とか「いま、何の案件をしています」とか、現状報告をしれっと続けてみてください。それだけで、本当のあなたへの上司の理解は深まります。

何をしているのかわからない部下から、何をしているのかわかる部下にランクアップするのです。

たったこれだけのことで、特別な報連相などしなくても、上司はあなたの状況を把握できます。他の部下のことはわからなくても、あなたの仕事量については、わかったような気がしてきます。この「わかったような」がポイントです。

すると、わざわざあなたの仕事を増やそうとは思わないでしょう。

挨拶といえば、Zoomなどのオンライン会議が始まる前の時間を、どう使っていますか。全員が揃うまで、手持ち無沙汰で黙りこくってなどいないでしょうか。それもまた、もったいないです。せっかくなので、素で、雑談を振ってみてはどうでしょうか。雑談にどんなテーマを選ぶかは、素のあなた次第です。

ツッコまずにボケる

挨拶とセットの現状報告は、しておいて損はありません。なぜなら、それはボケだからです。

関西で生まれ育った私にとって、会社という環境は、ツッコミ役しかいないように見えました。ボケ役がいないのです。

たとえば会議でも、みんながみんな、丸くおさめようとしています。ツッコミだらけとはこのことです。「お笑い」のことを言っているのではありません。どこか予定調和で、イエスマンが多く、「こういうのはどうですか」とボケる人が少ないのです。大人の階段を上るのは大変なことだと昔は圧倒されていました。

でも、ツッコミばかりでは新しいモノやサービスは生まれない。

そして何よりもそういう空気はつまらない。

そこで、ボケてみる。

ボケるとは、ツッコミたい人にツッコミをさせてあげるということでもあります。

「いま、こんなこと考えてますがどうですか」というボケは、それを聞いた人に「いいね」とか「そんなことやってるの」とか、とにかく、評価をするきっかけを与えます。ツッコミのきっかけを与えます。もちろん「ムリだよ」「失敗したらどうするの」と言ってくる人がほとんどでしょう。でも、気にしない。どんどんボケる。

そうすると、意外と我慢していた他のボケ役がボケだしてくれて、つまらない空気が変わるという経験を何度もしました。

あなたの初ボケという貢献が、空気を変え会社を変えることになり、そしてそのボケの内容やボケ方で、素のあなたを知ってもらうことにつながるのです。

素でいることも、ボケることも、どちらも、本当の自分を知ってもらうために必要なことです。

素でいれば、ボケていれば、あなたへの誤解も解けていきます。なぜなら自分の意見（ボケ）を持たない人など存在しないから。

完全にとはいかないかもしれませんが、そうやって徐々に本音を開示することで、自然なコミュニケーションをとれるようになると私は思っています。

そして、コミュニケーションがうまくなればなるほど、素のあなたがそのまま認知され、嫌な仕事は振られなくなっていきます。最初はスベりますがボケ続けることであなたはあなたでいられるのです。

上司が困る本当の理由

残念なことに、素のコミュニケーションがとれるようになっても、嫌な仕事を振られることはあるでしょう。確率は下がっても、ゼロにはできないということです。

なので、嫌な仕事を断るという厄介な仕事もゼロにはできません。

それにしても、なぜ、断るときには心が痛むのでしょうか。

それは、断ることによって、あなた自身が嫌な仕事を回避できた喜びだけでなく、上司を困らせてしまったという不思議な罪悪感が生じるからです。

上司が困るのは、あなたがその仕事を断ることではありません。あなたがその仕事を断ることによって、その仕事が終わらなくなってしまうかもしれないと、あなたが勝手に思ってしまうのです。

実は、あなたに嫌な仕事を振ってくる上司は、あなたでなければその仕事ができないとは思っていません。

あなたに嫌な仕事を振ってくるということは、特に何も考えていないか、本当のあなたと自分の抱いているあなたへのイメージとのギャップに気づいていないかのどちらかです。

その仕事がきちんと終わるのであれば、あなたにやってもらわないとならない理由など持ち合わせていないのです。

ですから断るときの悔恨は、誰か他の人を推薦することで消すことができます。あなたがやらなくても、他の人がやれば、上司にとってはまったく問題がないからです。

嫌な仕事を断るなら、誰ならその仕事をやってくれそうか、考えて上司に推薦しましょう。

ただ、適当に同僚や部下の名前を挙げて「彼・彼女ならやると思います」というのは少し無責任ですし、その彼や彼女がやはり断ったら、上司はやはり困ってしまいます。

なので、きちんとやってくれそうな人を推薦する必要があります。

8秒100メートルの場合は、ちょっと探すのが難しいでしょう。でも、12秒台で走ったことのある人、元陸上部員、元野球部の代走要員などはいるのではないでしょうか。

あなたがそうしたことを知っていれば、言い換えれば、**同僚や部下のことをよく知っていれば、**推薦すべき人のことがすぐに思い浮かぶはずです。

あなたがその仕事を断ることによって、「その仕事が終わらなくなってしまうかもしれないから」上司は困ってしまう

代替案を伝える

[推薦する]

- 「その分野でしたら、○○さんが興味を持っていましたよ」
- 「私よりも○○さんの方が適任ではないかと」

[部分的に引き受ける]

- 「打ち合わせまでの1時間で、できるところまでなら」
- 「提案書全体は厳しいですが、新商品の説明の部分だけなら」

[別の仕事を引き受ける]

- 「前にやった会場の手配なら、できるんですが」
- 「データをチェックすることも必要ですよね。そっちならできます」

能力ではなく、時間についても同じです。
日頃の雑談で、同僚や部下の忙しさを把握できていれば、時間がありそうな誰かを推薦することができます。

こうやって、すぐに適切な誰かを推薦できれば、断るときのモヤモヤは消すことができるはずです。

つまり、嫌な仕事を振られないためにも、また、振られた嫌な仕事を他の人に振るためにも、**あなたのことを上司に知ってもらい、同僚・部下のことまでを知るアンテナ力が必要**なのです。

時間はあるけど能力がない場合

ここまで、能力がなくてできそうにない仕事、時間がなくてできそうにない仕事の断り方、ほかの人への振り方について考えを記してきましたが、では、時間があるときはどうでしょうか。それも、時間はあるけれど、いまの能力が少しだけ足りていないようなときです。明日、８秒で１００メートルではなく、１年後に14秒切る、のようなチャレンジのときです。

無理な仕事ではなく、無茶な仕事と言ってもいいでしょう。

あるいは、嫌な仕事ではなく、なんとなく苦手意識を持っている仕事かもしれません。

この場合は、時間がないということにして断ることもできます。
でも、とりあえず、やってみてもいいのではないでしょうか。

上司に言われなければ、100メートルを走ってみるなんて考えたこともなかった人なら、特にです。

もちろん、膝を故障しているとか、心肺能力に不安があるというような人は話が別です。しかし、そう言われれば走るのは好きだったとか、なんとなくやれそう、やってみたいと思っているなら、断らなくてもいいのではないでしょうか。

そう思えたなら、その仕事はもはや、あなたにとって嫌な仕事ではなくなっています。

第1章のまとめ

そもそも

- 嫌な仕事は断っていい

なぜなら

- 時間的にできない仕事は無理だから
- 能力的にできない仕事も無理だから
- あなたがその仕事を断っても会社は回る

だからやってはいけない

- 断るときに喧嘩腰になる
- ツッコミばかりする

だからやるべき

- こっちからコミュニケーションを取りに行く
- ボケにまわってツッコミを誘う（言わせる）

要するに

- 素でいる

第2章

嫌な仕事はしなくていい

意義のない仕事は
あなたのせいではない

この章は

こんな人に読んでほしい

- 自分が**変わらなければならない**と思っている
- 仕事の意義なんて尋ねても**無駄**だと思っている
- **上司が嫌い**でたまらない
- はやく**引退したい**

「センパイ、ちょっと聞いていただきたいことがあるんですが」

どうしたの？　何でも話してみて。

「最近、部署を異動したのですが、相変わらず嫌な仕事ばかり振られていて、ストレスがマックスになっています。どうしたらいいと思いますか」

相変わらず嫌な仕事ばかりなんだね。ところで、その嫌な仕事って「嫌な仕事」という言葉を使わずに表現すると、どんな仕事？

「ええ、そんなこと考えたことがありませんでした……そうですねえ、やっても意味がない仕事、とかでしょうか」

その〝意味〟って、誰にとっての意味？

「それはもちろん、私にとっての意味です。あと、世の中にとっての意味も、あの仕事にはないと思います。まったく、意味がありません」

誰一人としてその仕事に意味を見いだせないのだとしたら、なんでその仕事が存在するんだろうね。

「そんなこと知りませんよ」

その仕事の意味を、上司に聞いてみたことある？

「また上司ですか。聞いたことはありません。だって『黙ってやればいいんだよ』とか『そんなくだらないこと聞くな』とか『いいから、君のためになるから』とか、そんな返事が想像できます」

でも一度、聞いてみたら？

「この仕事はなんのための仕事なんですか‼　……こんな感じですか？」

いやいや、それじゃあ喧嘩になってしまうでしょう。

「他に聞き方があるんですか？」

ところで、あなたとあなたの会社の相性はいいと思う？　悪いと思う？

「ええ、そんなこと考えたことがありませんでした。そうですねえ、あまり良くな

いと思います。っていうか、会社と相性のいい人っているんでしょうか。雇用する側とされる側、思惑が一致しないのが当たり前ではないでしょうか」

なるほど、それも一理あるかもしれないね。相性をよくすることはできそう？

「私が妥協しろってことですか？　やめてくださいよ」

いやいや、妥協しろなんて言わないし、自分を変えろとも言わないよ。変えるべきことは、ほかのところにあるんだから。

なぜその仕事が嫌なのか

嫌な仕事は誰にでもあります。

その嫌な仕事とは、第1章で紹介したような、能力的にできない仕事や、時間的にできない仕事だけではありません。

そもそも、能力的にできないとは思うけれどやってみたい仕事、時間的に難しいけれど挑戦してみたい仕事、というものも存在するはずです。

そしてその一方で、能力的にも時間的にも可能なのに、嫌な仕事というものがあります。

そうした嫌な仕事も、断ってかまわないと私は思っています。

断り方は前と同様。できない理由をアピールしながら断ります。

では、自分にはそれをする能力もあり、時間も十分にあるのに嫌な仕事とは、どんな仕事でしょうか。

あなたは、どんな仕事を嫌だと感じるのでしょうか。

それはきっと「なぜ私がこんな仕事をしなくてはいけないのか」「これはなんのための仕事なのか」という疑問がつきまとう、**目的を理解できない仕事**なのではないでしょうか。

ということは、**その仕事をする理由が明確になれば、その仕事は嫌な仕事ではなくなるはず**です。

「この仕事をすれば、こんな成果が得られるはず」「この仕事の先に、大きなビジョンがある」

こんな風に思うことができれば、その仕事への意欲は自然と生まれてくるはずなのです。

そして残念なことに、多くの仕事はその仕事の必要性が伝えられないまま、上司から部下に振られていきます。そして部下はその仕事に粛々と、内心、嫌だなと思いながら取り組んで、粛々と片付けていきます。

私はこれが、世の中に多くの『嫌な仕事』と『嫌な仕事によるいまひとつな成果』を生んでしまっている原因だと思っています。

「この仕事、なんのためにやるんでしたっけ」

なぜその仕事をしなければならないのか、やる意義が見えない。

それが、その仕事を嫌だと感じる理由なのであれば、実は、その仕事をやりたい仕事に変えるのはそう難しいことではありません。

嫌な理由が、自分の能力や時間が足りていないことであれば、力をつけ、時間を生み出す必要がありますが、この場合は、意義さえわかればいいからです。

そして、あなたが**その仕事の意義を理解できない原因は、その仕事にまったく意義**

がないか、または、あるはずの意義をあなたが理解できていないか、どちらかです。

まったく意義のない仕事についてはあとで触れるとして、ここでは、あるはずの意義をあなたが理解できていない場合について述べます。

その無理解は、コミュニケーション不足によって発生しています。

上司があなたに意義を説明していないか、あなたが上司に意義を尋ねていないか、どちらかの理由によって、存在している意義をあなたが感じられず、納得もできていないのです。

たったこれだけのことで、「この仕事は嫌だ」と思ってしまっていることが、実は案外と多いのです。

ですから、嫌な仕事があり、その仕事の原因が、意義を感じられないからであるときには、一人悶々と考えるのではなく、意義を知っていそうな人に尋ねてみるのが一番早いし、楽です。

つまり、その仕事を振ってきた上司に、意義を聞いてみるのです。

と言っても「これはなんのための仕事なんですか！」などと、問い詰めてはダメです。それでは、上司と敵対してしまいます。

そうではなく、まずは上司と同じ立場に立ちます。

向き合っているのではなく、横に並んでいるイメージです。

そして、質問する側とされる側ではなく、共有し確認するイメージでこう言います。

「この仕事、なんのためにやるんでしたっけ」

上司を攻めるのではなく、上司の独り言を代弁するのです。


すると、上司がその仕事の意義を理解しているならすぐに教えてくれるでしょう。

そしてその答えが、あなたにとって納得できる「その仕事の意義」であれば、瞬時に、嫌だったはずの仕事はやりたい仕事に変わるはずです。


ただ、時には上司がその仕事の意義を理解していないこともあるでしょう。

その場合も「なんのための仕事なのかわからないのに私に振るんですか」などとは、決して言ってはなりません。

言うのであれば「ちょっと、聞いておいてもらえますか」と、上司の上司に確認するように頼むのです。

なんのためなのかわからない仕事をあなたに振ってくる上司は、おそらく、上司の上司から、なんのためなのかわからないままその仕事を振られています。そして、その仕事に対して「なんのため」かを考えることのないまま、スピードを最優先してあなたに振っているのです。なので、あなたに「なんのため」を聞かれても即答できません。上司には時間の猶予を与えてあげてください。

そして、上司がさらに上の上司からその仕事の意義を聞き出してくれたら、そこで改めて、その仕事が嫌かどうか、判断してみましょう。

仕事の意義を教えてくれなければ、ガチャを回せ

私は、基本的には上司・同僚・部下といった立場を問わず、同じ会社にいる人はみんな仲間で、同じ目標に向かって進む、助け合う関係にあるのが賢い関係と思っています。

なので、部下から質問をされた上司はきちんと答えるものだと思いますし、そうあるべきだとも思います。

しかし、世の中の上司がすべてそうではないことも知っています。

部下からの質問に「そんなのどうでもいいんだよ」「いちいちうるさい」などと答え

るタイプの上司は、どうしても存在します。

では、あなたの上司がそんな上司で、あるはずのその仕事の意義を共有してくれなかったら、どうすべきでしょうか。

こうなってしまうと、嫌な仕事を嫌ではない仕事に変えるのはかなり困難です。上司ガチャを回さなければなりません。そうです、**上司を替える**のです。

ある程度以上の規模の企業では、3年くらいで人事異動があることが多いです。その異動で、上司がいなくなるか、自分がいなくなるかを待つという意味です。

すると、あなたはまた別の上司の部下となるはずです。

そして、その上司から振られる仕事のことは嫌だと感じなくなるか、あるいは、もっと嫌だと感じるようになるか、どちらかでしょう。

もっと嫌だと感じたら、またガチャを回すタイミングを待つしかありません。残念ながら、これが現実です。

タイミングが訪れるのを待つまでの間は、嫌な仕事を断り続けるしかないでしょう。

一方で、定期的にガチャがあることを頭の片隅に入れておくだけで、心が安定し、これまで嫌だと感じていた仕事の総量が減ることも知っておきましょう。

「君のためになる仕事」は本当か

あなたはその仕事の意義を知りたいのに、それを説明するかわりに、こんなことを言う上司もいるかもしれません。

「やっておくと後で役立つから」「君のためになる仕事だから」

上司にそう言われると「そうなのかな」と思ってしまうかもしれません。

しかし、上司が『本当に』その仕事があなたの今後に役立つかどうか、あなたのためになるのかどうかを知っているはずがありません。

何があなたの役に立つことになるかは、あなた自身を含め、誰も知らないからです。
それなのに後で役立つとか君のためになるとかいう説明は、はっきり言って詭弁です。その場しのぎです。

ですから、本当に役に立つ可能性があるのか、自分のためになるのかどうかは、自分で考えて自分で決めるべきです。

先のことは誰にもわからないというのが前提ですが、それでも、ある程度はそれが本当に役立つかどうかを判断する基準はあります。

それは、**技術の動向**です。

技術の動向とは、たとえばこういったことです。

上司から振られた仕事が「日本刀をつくる」だったら、どうしますか。

面白そうな仕事ではありません。ものづくりが好きな人なら、飛びつくかもしれません。日本刀をつくりながら給与をもらえるなんて最高だと思うかもしれません。

しかし、そこで身につけた日本刀をつくるというスキルは、今後のあなたの仕事のためになるでしょうか。

そうしたユニークな経験が話の種になる、面白い人だと思ってもらえるといったメリットはあるでしょう。ただ、これから日本刀の市場が拡大しそうなので、やっておいたほうがいいと考える人はいないでしょう。

日本刀は極端な例にしても、ほかにも、これからは人間には求められなくなっていくスキルはいくつもあります。

ここ何年かを振り返っても、ＡＩによって奪われる仕事についての話題は事欠きません。普通に生活していても、たとえば、コールセンターのオペレーターの需要がこれから劇的に高まることは想像できないはずです。

そうしたときに、電話オペレーターとしてのスペシャリストを目指すのは、技術動向を見誤っていると言わざるを得ません。

また、いまは仕事があるかもしれませんが、特定のデジタルプラットフォームやシステムのスペシャリストになるのもおすすめできません。スペシャリストになる前に、そのデジタルプラットフォームやシステムが、新しいものに取って代わられている可能性が高いからです。

ＡＩが人間の仕事を奪っていくのは確実です。そうであるならば、**ＡＩによって奪われそうな仕事より、【ＡＩにされたら嫌な仕事】に着目すべき**です。ＡＩにされたら嫌な仕事は、人間の仕事として間違いなく残るからです。

話を元に戻すと、上司が、日本刀や電話オペレーターのような仕事を「君のためになるから」と言わないとも限りません。本当に自分のためになるか、というよりは、取り組むことが徒労に終わらないかを判断するのは、あなた自身です。

絶対にAIに奪われない仕事

技術によって淘汰される仕事、AIに奪われる仕事は、これからどんどんと増えていくでしょう。

その一方で、AIにはできない仕事というものも確実にあります。

たとえば、極端なことを言えば、家族がAIだったらどう思いますか。もちろん、そんなことになるはずはないのですが、つまり、身近で感情を共有する人がAIだったら、ということです。感情の共有は、やはり生きている人間としたいはずです。

AIを搭載したロボットに先生をさせる学校があったとして、我が子を通わせたいと思う親ってどれくらいいるのでしょうか。やはりそういった部分には、人間を求めますよね。

では「そういった部分」とは何か。これはつまり、コミュニケーションです。

近所のコンビニやファミレスはAI化してもいいけれど、大切な日にでかけるレストランやお気に入りのショップでは、人間のスタッフに接客してほしいと考えるのも、肝心なところでは、人とのコミュニケーションを大切にしたいと考えているからです。

つまり、**コミュニケーションがAIに奪われることはない**のです。

そうした時代に、私が磨いたほうがいいと思うスキルがひとつあります。

それは**手紙**です。

手紙よりメール、メールよりラインやスラックという時代に、あえての手書きの手紙です。

なぜなら、ＡＩはチャットボットにはなれても、自筆で手紙を書くことはできないからです。

そして人は、スラックでの業務連絡よりも、自筆の手紙に心動かされるからです。

「あの人は、きれいな字で手紙が書ける」

この評判は、いま以上に価値のあるものになるはずです。

本来、上司は敵ではない

上司・同僚・部下。同じ職場で働く人は、あなたにとってどんな存在ですか？

もちろん、家族とは違うし、友達とも違います。

私は、上司・同僚・部下は、スポーツと同じで、基本的にチームメイトだと思っています。

決して、敵ではありません。味方です。もちろん意見が合わないこともあるでしょう。チームメイト同士でけんかすることもあるでしょう。ただそんなことは、チームメイトだから……と思うようにする。そういう自己暗示をかければ気にならなくなります。

だから、仕事というクエストを進めるにあたっては、味方の力を借りますし、味方に頼ります。その分、私の力も貸しますし、頼ってももらいます。そうやって支え合う味方が集まったチームで、仕事をしています。

こう考えると、自分にはできない仕事を同僚や部下に振ってもらうのも、当たり前ではないでしょうか。

そして、せっかくの味方である上司を敵認定してしまうのは、もったいないことです。

仮に仲良くはなれなくても、その味方の力を使って、自分の戦いを有利に進めたほうが得です。発想をそう転換すると、上司が理由の嫌な仕事の見え方も、変わってくるはずです。

ぜひ、チームメイトに仕事を任せて、そしてチームメイトを使って下さい。

なぜ意義のない仕事が生まれるのか

さて、ここまではその仕事にあるはずの意義が、なんらかの理由であなたに伝わっていない場合について述べてきました。

まだ解決していない問題があります。その仕事にそもそも意義がなくて、それを感じられないから嫌だと感じている仕事がある場合です。

残念ながら、意義のない仕事というものは存在します。

私が先日断った仕事もそうでした。

提案者はその仕事にとても乗り気でした。その仕事を「面白い」とも語っていました。しかし、それはその人の主観です。周りの人を巻き込みたいのなら、その面白さを周りにも共有したり、面白さを意義に変換して伝えたりと工夫が必要です。

そこで私は「その仕事はなんのためにやるんでしたっけ？」と、何気なく聞いてみました。ここまで書いてきたようなテクニックを使ったということです。

私としては、私が気づいていなかった意義や、社会課題を解決するような仕組みがあるのかなと期待していたのですが、その人の答えはどこまで行っても「自分が面白いと思うから」でした。さらに聞いてみました。「どう面白いのですか？」それについて社会的意義を感じる答えはありませんでした。その人には、自分以外の人を納得させるだけの意義がないということなのでしょう。

ない意義を感じることはできないので、もちろん私もその仕事は受けなかったのですが、嫌な仕事はいつまでたっても嫌なままです。

上司も会社もあなたも悪くない

立て続けに意義のない仕事が振られた場合、その本質的な原因は、仕事を振ってきた上司ではなく、組織にある可能性が高いです。

そもそもその組織は、仕事に意義を求めていないか、あなたが意義とは思えないものを意義と感じているかの、どちらかです。

会社という組織は一般的に、利益を最大化するために存在すると言われます。ただし、そうは言っても、法律違反スレスレのことをしてでも利益を最大化したいのか、社会貢献もした上で利益を最大化したいのかなど、前提条件は会社によって異なり、その考え方の違いが、社風や文化という形で表出します。

そして、なんとしてでも利益を最大化したい会社に、社会貢献もしながら利益を上げたいと考える社員がいるとき、その社員にとって、大抵の仕事は嫌な仕事になりがちです。

会社の考える意義と社員の考える意義のミスマッチは、互いを不幸にします。どちらも意義ある仕事をしたいと考えているのに、その意義の意味するところが違うため、すれ違いが生じるのです。

この場合は、どれだけ上司に仕事の意義を尋ねて理解しようとしても、どれだけ上司が会社の価値観で説明をしてくれても、上司ガチャを回しても、どれだけ自分の考え方を変えようとしても、根本的な問題は解決しません。

価値観が異なっている以上、あなたは絶対に、その仕事を嫌だとしか感じられません。

これは会社が悪いのでも、あなたが悪いのでもありません。**悪いのは会社とあなたの相性**です。

相性が悪いのにそこで頑張ろうとするのは残念ながら時間の無駄です。

「変える」選択肢は3つある

繰り返しになりますが、嫌な仕事は断ってかまわないものです。

ただ、すべての仕事を断るようなことになると、なぜそこで仕事をしているのかがわからなくなってしまいます。

そもそも、その会社・その環境を選ぶべきではなかったのかもしれません。

そうであれば、その会社・環境をあなたにとって快適なものに整えるか、あなたがその会社・環境にフィットするように合わせるか、あなたが別の会社・環境に移るか、この3つのうちのどれかを選んだほうがいいでしょう。

では、あなたには会社・環境を変えられるでしょうか。

どんな会社にもカルチャーがあります。業界ごと、業種ごとでもカルチャーは違いますが、同じ業界・業種であっても、別の会社であればやはりカルチャーは違います。そのカルチャーは、どんなに定年退職者が増えても、どんなに新入社員が入ってきても、なかなか変わりません。それが、カルチャーというものです。

そのカルチャーを、一社員であるあなたに変えられるでしょうか。

私なら無理です。おそらく、たいていの人にとって、これは無理な話です。


では、そのカルチャーに合わせてあなたが変わるというのはどうでしょうか。

カルチャーを変えるよりは簡単に感じられるかもしれません。

しかし、自分を変えるということは、素の自分から遠くなるということです。素とは違う自分を演じるということです。素でいることができずに困っている人が、さらに素から遠ざかろうとするのは、自分を苦しめることになるのではないでしょうか。

私からはおすすめできません。

最後は、会社のカルチャーもあなた自身も変わらないまま、あなたが、あなたに合ったカルチャーの会社を選びなおすという選択です。要するに**「転社」**です。職種を変える「転職」ではありません。

一般的には「転職」という言葉が広く使われていますが、あなた自身の仕事を変える必要はないという意味で、「転社」です。

実は、これが最も簡単で、最も効率的です。

そして、その転社のときに問われるのが、転社先でも認められるあなたの能力であり、スキルです。さらに、そうした**能力やスキルは、これまでに経験してきた嫌な仕事を通じて得られる**ことがあります。

第2章のまとめ

そもそも

- 嫌な仕事には理由がある

なぜなら

- 価値観が合わないと嫌だと感じる

だからやってはいけない

- 嫌な仕事に粛々と取り組む
- 自分の価値観を変えようとする
- 会社の価値観を変えようとする
- 嫌な仕事だらけの会社で働き続ける

だからやるべき

- 嫌な仕事をやりたい仕事に変える
- 自分の価値観に合った環境を探す

要するに

- 嫌としか思えない仕事が続く要因はその会社自分を変えるより、会社を変えるより、会社を移る
- しかし、これまでの嫌な仕事の経験が転社を成功させることにもなる。

第3章

嫌な仕事が身を助ける

食わず嫌いはチャンスを逃す

この章は

こんな人に
読んでほしい

- **余計な仕事**はしたくない
- **コスパ至上主義**
- 自分にどんな仕事が必要か**わからない**
- とにかく**スキルを身につけたい**

「センパイ、ちょっと聞いていただきたいことがあるんですが」

どうしたの？　何でも話してみて。

「入社以来、ずっと同じ仕事をしてきて、この仕事のスペシャリストになりたいなと思っているんです。どんな資格を取ったらいいでしょうか」

スペシャリストになりたいんだね。でも、二刀流を目指してみてもいいんじゃない？

「二刀流って、大谷翔平選手ですか。あんな風に、メジャーで通用する先発ピッチャー兼長距離バッターなんて、そんなレベルの高いことを求めないでください。センパイも高校時代、野球部だったんだから、大谷選手のレベルの高さはわかっているでしょう？」

もちろん、大谷選手があのハイレベルな二刀流を実現しているのは、彼の努力もあるけれど、フィジカルに恵まれていることも大きいと思っているよ。だから、すべてのアスリートが二刀流を目指す必要はないとも思っている。

「だったら、私にも二刀流なんて求めないでください」

ところで、あなたの高校は1学年何人くらいだった？

「ええ、なんですか急に。そうですねえ、1クラス40人で8クラスだったから320人くらいですね」

ということは、全校生徒が960人、ざっくり1000人だね。

「そうですね」

どんなジャンルのものでもいいからその高校で1番になるのと、100万人の中で1番になるのと、どっちが簡単だと思う？　100万人というと、そうだな、だいたい、日本にいる同い年の人が100万人くらいかな。

「それはもちろん高校で1番ですよ。それくらいは私にもわかります」

じゃあ、2つのジャンルでその高校で1番になるのと、1つのジャンルで

100万人の1番になるのと、どっちが簡単だと思う？

「それは……どんなジャンルでもいいんですよね」

どんなジャンルでもいいよ。

「だったら、高校のほうです。なんでかって、他の999人がやっていないことに挑戦すれば、そのジャンルでナンバーワンになれるからです」

ほら、わかってるじゃないの。

「ええ、どういうことですか」

そのジャンルは、どうやって見つけるのがいいと思う？

「自分の得意なことから見つける、ですか？」

そうだね。でも、それだと、ピッチャーもできてバッターもできるくらいの驚きしかないのでは？　たとえば、ピッチャーができて利き酒もできるとか、バッターができてタンクローリーも運転できるとかのほうが、驚きが大きいよね。

「別に、驚きの大きさで勝負するつもりはないんですけど」

その驚きの大きさが、実は、あなたの強みになるんだよ。

「え、じゃあどうやってそのジャンルを選んだらいいですか？」

それが、自分からは、案外と選べないものなんだ。

いまの嫌な仕事が後で自分を救う

何度も繰り返しますが、嫌な仕事は断って構いません。断るだけの理由があって、それを相手に理解してもらえれば、極端に評価が下がることも、給与が下がることもそれほど心配することはありません。特に、能力不足や時間不足が明らかな場合は、断るのが当たり前とも言えます。

ただ、時間があって、未経験の仕事を振られた場合には少し考えてもいいかもしれません。なんとなく直感的に嫌だなと思っても、とりあえず、やってみてもいいのではないでしょうか。

私自身も、トヨタ在籍時に思わぬ仕事を振られたことがあります。仕事というか、勉強といってもいいかもしれません。統計分析について学び、社内では恒例となっていたビッグデータの分析大会に参加するように言われたのです。

参ったな、面倒だな、正直に言って、嫌だなと思いました。

私は学生時代、ＤＮＡに関する研究をしていました。ＤＮＡの解析では統計の知識を活用する人たちもいます。しかし、私はそうした知識をあまり必要としていない分野にいたのです。

ですから、昔取った杵柄があるわけではありません。

それでも、私はそのとき、分析大会に参加してみました。理由はわかりません。その頃はまだ、断るスキルを持っていなかったのかもしれません。

しかし、そのとき統計分析に食らいついたことで、ＡＩの学習に必要なディープラーニングや機械学習といったデータサイエンスの分野を学ぶことにつながりました。

そしてＡＩが隆盛のいま、ＡＩに精通した戦略コンサルタントとして仕事ができています。

もしあのとき、何らかの理由を設けて分析大会を断っていたら、いまのように独立し、自由に働いている私はないのです。

この経験があるので、**嫌な仕事は断ってもいいと思いながらも、やってみてもいい**とも思っています。特に、それまでの自分の得意分野とは少しずれた、**誰かから提案されないとやってみようとも思わない仕事**については、やってみると、それが将来の大きな武器になる可能性があります。

そして、嫌な仕事を嫌だという理由で断ってしまうことは、その大きな武器を手にするチャンスを逃すことにもなるのです。つまり「食わず嫌い」は実はもったいないと提言しています。

仕事をタイパで選んではいけない

私がしぶしぶ統計分析やデータサイエンスに取り組み始めた頃は、いまのようなAIの時代が到来することは予想できていませんでした。確かに、ビッグデータ解析はできたほうがいいとは感じていたのですが、それが機械学習につながり、AIにつながるとは想像もしていなかったのです。

なので「なぜトヨタ時代に統計分析を学んだのか」と尋ねられた場合の答えは、「先見の明があったから」ではなく「たまたま、その仕事を振られたから」です。

いまの私があるのは、トヨタ時代に統計分析などを学んだからでもあるし、ＴＢＳ時代に論理より情緒の世界を経験しプロデュースとはどのようなことかを学んだからでもあるし、その後、アクセンチュアでゴリゴリのロジックの世界に戻って論理の部分を磨き直したからでもあります。

あえて自分からつかみにいった経験もありますが、提案を受けてやってみたこともあります。そのどちらもが、いまの私をつくっています。

もし、自分からつかみにいった経験しかしていなければ、私は私の想像した通りの私にしかなっていなかったでしょう。

しかし、私以外の誰かから振られた仕事に取り組んでいるうちに、私の想像していなかったスキルや知識を身につけられました。

これが、勉強、特に受験勉強と仕事の一番の違いかもしれません。

受験勉強は、受験を突破するために取り組むものです。受験問題に出ない勉強をするのはタイムパフォーマンス（タイパ）が悪すぎます。過去問が重視されるのも、傾向を読んで効率的に勉強したいという気持ちの表れと言えるでしょう。そして、受験に合格したら受験勉強も終わりです。

しかし、仕事は入学試験のようなものを突破するために取り組むものではありません。ではなんのために取り組むのかというと、社会課題の解決や企業理念の実現などいろいろな大義があるとは思いますが、一番わかりやすいのは、**働く人の人生のため**です。

働かなければ収入が得られないので、生計を成り立たせるのは難しいことです。仕事は生きていくためのものであり、何かに合格すれば辞められるというものではありません。しかし、終身雇用・年功序列という日本企業の伝統の崩壊と少子高齢化による人材不足は、これからの時代、多くの人に、一生涯働くことを求めることになるでしょう。

いまの若者は、50年後も働いている可能性がとても高いのです。

では、50年後、なんの仕事をして働いているでしょうか。

これは誰も想像できません。10年後、5年後だってわからないはずです。

私だって、10年前にいまの自分を想像できていませんでした。

10年前の自分はいまの自分を想像できないし、いまの自分は10年後を想像できないのです。

「食わず嫌い」は損をする

10年後に何をして働いているのか、そのためにどんなスキルや知識が必要なのかわからないのに、いま、目の前の仕事を「嫌だから」という理由で避けてしまって、大丈夫でしょうか。

もしかすると、その仕事で得た経験が、将来の仕事につながるかもしれません。

極端なことを言えば、その仕事を断った人はそれが原因で、将来、仕事を逃し、断らなかった人は、将来、仕事を得るかもしれないのです。

それでも、嫌な仕事を断る自由はあります。ただ、**それが本当に嫌な仕事なのか、**

嫌なわけではなくて、やったことがないから尻込みしてしまっているのかどうかは、少し冷静に考えてもいいと思うのです。

食わず嫌いという言葉がありますが、仕事にもそれがあると思います。かつての私にとって、統計分析やデータサイエンスもまさに食わず嫌いでした。やってみないうちから難しそうだなと思っていたのですが、取り掛かってみると案外と面白く、夢中になるほどでした。

それらが面白いとわかったのは、やってみたからです。食わず嫌いでいたら、その面白さには一生、気がつくことができなかったでしょう。

それに、食わず嫌いになりやすい仕事とはたいてい、新しい仕事です。

新しい仕事は誰もやったことがないので、当然、その仕事を得意にしている人もいません。だから、上司も誰に頼むのが一番いいか、よくわからないまま声をかけているかもしれません。そうしたときに声をかけてもらえるのは、アンラッキーどころか、白羽の矢が立った状態です。

新しい、自分からはなかなかやってみようと思えない仕事に関われるチャンスです。

一瞬「嫌だな」と思って断りそうになる仕事こそ、将来を変える、運命的な仕事になるかもしれません。

目標設定はいらない

嫌な仕事を将来の武器にするには、断らずに取り組むほかありません。

ただ、どの嫌な仕事が将来の武器になるかは、いまの段階ではわかりません。仕事は受験勉強と違い、タイパで選ぶというわけにはいかないのです。

そして、これも受験勉強と違うところですが、仕事に目標設定は必要ありません。

もちろん、会議までに資料を用意するとか、数字を達成するとか、そういった日々の目標は必要ですし、それに向けた努力も必要です。

しかし、この仕事で何点を取ろう、この仕事でどれだけ評価を得よう、というような、受験勉強的な目標は必要ありません。

目標があったほうがモチベーションが上がるのであれば設定したほうがいいですが、あまり変わらないのであれば、なくていいです。

また、仕事では点数や順位といった数字で評価を得るよりも大切なことがあります。

それは、**やってみるという姿勢**です。

知らないことにも取り組む腰の軽さです。

その理由は、ここまで書いてきたとおりです。

腰の軽さとは、新しい仕事を受け入れる心の広さと言い換えてもいいかもしれません。

そして、その心の広さがあれば、きっと嫌を理由に断る仕事は減り、長い今後の人生に必要な武器が増えます。

どこまでいけば「できる」と言えるか

「あの人は仕事ができる」「その仕事はちゃんとできる人に頼みたい」

私たちは普段、何気なくこんな風に言葉を使っています。

ただ、この場合の「仕事ができる」は、「(どれだけ時間がかかっても周りの人の力を借りても、なんとか) 仕事ができる」のではなく「(任せておいたらかなり質の高い) 仕事ができる」です。

仕事ができると言われるには、それなりの質を求められるのです。

これはつまり「私はこの仕事ができます」と言うからには、周りからは質に自信があると思われるということです。

では、どの程度の質が提供できれば「私はこの仕事ができます」と言えるのでしょうか。

結論から言うと、「この程度」というラインはありません。

ただ私の場合は、私なりの基準があります。それは、1000人で競ったら私が一番高い質の仕事ができそうなときは「できる」と感じますし、これから何か新しい仕事をできるようになるなら、やはり1000人中1番を目指します。

なぜなら、1000人で1番になっていれば、それは、私の知り合いがぱっと周りを見渡したとき、十分に、私が一番「仕事ができる」と思ってもらえるからです。

100人中で1番では、私よりできる人がいる可能性が高いです。

1万人中1番になるには、1000人中1番になるのに比べて10倍以上、努力が必要です。なので、1000人中1番がちょうどいいのです。

「1000人で1番」を目指すべき理由

新しい仕事では、１０００人中１番になれれば十分です。その先の、１万人中１番を目指す必要はありません。

ひとつの仕事で１０００人中１番のポジションから１万人中１番のポジションを目指すくらいなら、１０００人中１番に留まったまま、また別の新しい仕事で１０００人中１番を目指すほうがいいと思います。

なぜなら、ある仕事Ａで１０００人中１番、また別の仕事Ｂで１０００人中１番なら、ＡというドットとＢというドットが結びついたコネクティングドットであるＡかけるBの仕事では、1000かける1000で、100万人中1番になれるからです。

そうやって、1000人中1番の仕事を2つ3つと増やしていければ、その数字はもっと大きくなります。

AかけるBという仕事の市場がとても狭かったとしても、AかけるCやBかけるC、またはCかけるDのように、かける数とかけられる数をたくさん持っていれば、自分の価値を感じてもらえる市場の数が大きくなります。

だから、いつ役に立つかはわからなくても、**できる仕事の数を揃えて引き出しに入れ、いつでも取り出せる状態にしておくことが大切**なのです。

メラゾーマより、メラミとヒャダルコ

ここで、あなたの仕事をゲームのドラゴンクエスト（ドラクエ）にたとえてみましょう。

ドラクエには呪文がつきものですが、呪文は水属性、火属性など属性別に分けることができます。また、同じ属性であっても、レベルの違いがあります。たとえば、火属性のメラ系では、メラ、メラミ、メラゾーマ、メラガイアー……と強力になっていきます。

この、メラからメラミ、メラミからメラゾーマとレベルアップを目指すのは、仕事に置き換えると火属性、メラ系の呪文のスペシャリストを目指すということです。

火属性の呪文が重宝される現場では、無双できることでしょう。しかし、環境が変わったらどうでしょうか。火属性の呪文が効かない新たな敵が現れたら？

仮に新しい敵が、氷属性の最も下位の呪文であるヒャドさえ唱えることができれば倒せる相手だったとしても、火属性の呪文しか使えないようでは歯が立ちません。環境が激変してからもっと幅広く力をつけておけばよかったと思っても、後の祭りです。

私自身も、トヨタでは論理的な問題解決能力を徹底的に鍛えられましたが、それは言ってみれば機能的価値の向上のために不可欠な能力で、みんなが見てくれるテレビ番組をつくるという、情緒的価値向上にはあまり役立ちません。ＴＢＳでは最上級の論理的呪文より、一般的な情緒的呪文のほうが通用する、と言ってもいいのかもしれません。

なので、**最低限、複数の属性の呪文を唱えられるようにする努力は必要**です。特定の属性の最上級の呪文は、どの属性の呪文も唱えられるという最低限のベースの上で輝くものです。

あるひとつの分野のスペシャリストは、その分野の外では初心者です。それまで専門としてきた分野が、経済動向や技術の変化・進化によって失われたら、初心者としてゼロから足場を築かなければならなくなってしまいます。それはあまりにリスクが大きく、無防備ですらあります。

だから、狭い組織で重宝されるスペシャリストではなく、広い世の中で通用するマルチな力を身につけるべきなのです。

2本目の刀は好みで選ぶ

いまこの瞬間は嫌だと感じる仕事が、将来の武器、あなたにとっての2本目、3本目の刀となる可能性があることは、すでにわかっていただけたと思います。

しかし、嫌な仕事を振られる前に、自分から、2本目、3本目を手にしようと動くこともできます。

その場合は、いまはメインではない仕事の中から、好きな仕事を選ぶといいでしょう。好きという気持ちは、続けたいという気持ち、できるようになりたいという気持ちを連鎖的に生み出していくからです。

ただし、自分から選ぶ場合は選択肢があまりにも多すぎて、どれを手に取ってみたらいいかがわからないことも多いでしょう。

私自身も、いきなりデータサイエンスに手を出せていたかどうか、自信がありません。もしかすると、いまとなってはすっかり廃れてしまっている技術などに迷い込んでいたかもしれません。

ただ、私の場合ラッキーだったのは、上司が振ってくれた統計分析というテーマが、データを通して物事を考えたい私に合っていた、つまり、私の好きなことと重なっていたことでした。

もしかすると、上司はそんな私の性分を見抜いて、その仕事を振ってくれたのかもしれません。結局、私は全トヨタグループ30万人を対象としたコンテストで、優勝するまでになりました。

いまは3本目の刀に手を出さないでいい

2本目、3本目と増やしていきたい刀ですが、2本目をものにする前に3本目に手を出すのはおすすめできません。

たいていの人間は、同時にいくつものものには没頭できないようにできているからです。3本目を目指すのは、2本目に目処がついてからで十分です。

これはつまり、1本目がおぼつかないうちは2本目にも手を出すべきではないという意味でもあります。同時に習得できれば効率が良いようにも感じられますが、それでは中途半端になってしまいます。

二刀流は世の中が求めるもの

二刀流と言えば、いまは大谷翔平選手の話題で持ちきりです。彼の場合、努力の量や質もさることながら、卓越したフィジカルに恵まれていることが、二刀流を下支えしています。したがって、すべての人が大谷選手のような二刀流になれるわけではありません。

しかし、二刀流へのアプローチは大いに参考になります。

大谷選手は、野球を始めた頃からピッチャーだったそうです。子供の頃から球速が速くピッチャーとしての能力が高かったことがうかがえます。

ですから、大谷選手はピッチャーとして一刀流を極めることもできたはずです。しかし、実際には二刀流です。

私は、大谷選手が自ら二刀流を選び取ったのではないと考えています。プロ入り以降はもちろん、自分の意志で道を切り開いてきたのだと見ていますが、まだ子供の頃は「打てすぎるピッチャー」だったのではないでしょうか。

高校野球のヒーローには打てすぎるピッチャー、つまりエースで4番は珍しくありません。ただ、プロに入ると大抵が、ピッチャーかバッター（野手）に専念します。高校野球のレベルではエースで4番でも、プロとなると実力的にどちらかに集中しなければやっていけないのが現実なのでしょう。

しかし大谷選手の場合は、大谷選手本人以上に、周りが、プロの世界でもエースで4番になれる可能性を彼に見出したから、二刀流に挑戦できたし、実際に立派に通用しているのだと思います。もしも大谷選手に二刀流を認めるチームがなければ、いま頃大谷選手は、ピッチャーかバッターか、どちらかに専念していたはずです。

何が言いたいのかというと、世の中が求めたから、二刀流・大谷翔平が誕生し、存在しているということです。

これを一般的な仕事に置き換えてみると、**あなたが何の二刀流として世の中から認められるかは、世の中が決める**ということです。仮に「エクセルと企画力の二刀流で行く」と自分で決めたところで、それが世の中から求められていなければ、つまり、価値を感じてもらえなければ、アピールポイントにはなりません。

しかし、少しずつ使える刀を増やしておくと、思いもよらない組み合わせを二刀流として認めてもらえる可能性が高まります。私たちにできることは、百発百中の2本目の刀を手に入れることではなく、いつか使えそうな刀を2本、3本と段階的に増やしていくことです。

目指すは「さだまさし的」オールラウンダー

結果的に二刀流になると言っても、大抵の人にとって、大谷翔平選手のようになるのは無理です。どちらの刀でも一刀流の人と同じレベルになるというのは、並大抵のことではないからです。

ですから、大谷選手はロールモデルにはなりません。

では、誰を目指すべきか。私は、さだまさしさんがモデルになると思っています。

さだまさしさんは、一流の音楽クリエイターです。これに異議を唱える人はいないでしょう。その上、シンガーでもあり、俳優でもあり、作家でもあり、ナレーターでもあり、ラジオパーソナリティでもあります。マルチなのです。

きっと、レコードの売り上げやコンサートの動員数だけを見れば、さださんを上回るミュージシャンは何人もいます。俳優業、作家業についてもそうでしょう。

しかし、それらすべてを決して低くないレベルでこなすことが、さださんの最大の武器です。

それだけではありません。さださんのコンサートに行ってみてください。さださんはトークが絶妙におもしろく、観衆を笑わす技術まで持っているのです。そのマルチさが、さださんを唯一無二の存在にしているのだと思います。

あなたが目指すのも、さだ的二刀流、さだ式マルチタレントです。レーダーチャートを描いたなら、どこかの点だけがぐっと突出するようなタイプではなく、全体的に円に近い、それでいて、チャートの面積が大きなタイプです（もちろん、さださんは超一流の音楽という武器を持っていますが、他のアーティストと違うのはそれ以外のマルチなスキルです）。

そしてこの考え方は、エンタメの世界よりもむしろビジネスの世界で見習うべきです。そうなれば、周りの誰かがどこかの2点を勝手に組み合わせ、あなたを二刀流に仕立ててくれます。

「好き」は動詞で判断する

では、あなたの好きな仕事とはどんな仕事でしょうか。

マーケティング、営業、製品開発、販売、プログラミング、企画、様々な仕事がありますが、2本目、3本目の刀を探す上で、こういった仕事の並べ方はあまり適切ではありません。

なぜなら、「企画が好きだから、企画を2本目の刀にしよう」と思ったところで、企画という言葉の指す範囲が広すぎて、カバーするのにあまりに時間がかかるからです。

理由はもうひとつあります。それは、そういった名詞では、何が本当に好きな仕事なのか、はっきりと見えてこないからです。

たとえば「テレビが好き」。

こういう人がテレビ局に入ればいきいきと仕事ができるかというと疑問です。なぜならテレビを「見る」のが好きな人が「番組をつくる」「撮影する」のも好きとは限らないからです。

「服が好き」もそうです。

服をいろいろと着替えるのが好き、買うのが好きなだけでは、アパレルの仕事は務まらないでしょう。しかし、服の組み合わせを考えるのが好き、服を自分でつくるのが好きならば、いくらでも仕事はあるし、その仕事を楽しめるでしょう。

企画という仕事も、分解するといろいろな作業に分けることができます。

アイデアを出すのも企画、企画書を書くのも企画、プレゼンするのも企画、人を集めるのも企画、お金やスケジュールのプランを立てるのも企画、コラボを仕掛けるのも企画、その場を仕切るのも企画、思いもよらないアクシデントを乗り切るのも企画。

こうした企画と呼ばれる仕事の中で、いったい何が好きなのか。それを考える必要があります。

そして同じように「企画が好き」と口にする人がいたとして、その人たちの言う「企画」は、実際には異なっていることも珍しくありません。ある人はアイデア出しが企画の醍醐味だと思っていて、また別の人は人集め、また別の人は場を動かすことが企画だと思っているものです。

なので、もしもいま企画の仕事が好きと思っている人がいるなら、そのうちのどの行為、つまりどの**動詞**が好きなのか、改めて考えてみてください。

アイデアを「出す」のが好きなのか、企画書を「書く」なのか、「プレゼンする」なのか、人を「集める」なのか、お金やスケジュールのプランを「立てる」のも企画、コラボを「仕掛ける」のか、その場を「仕切る」のか、思いもよらないアクシデントを「乗り切る」のか。

こうやって動詞で分解してみると、自分は本当は何が好きなのかがすっと明確になるはずです。

向き不向きを判断する方法

つまらないことをしているときは永遠に続くように感じる時間も、好きなことをしているときはあっという間に過ぎてしまいます。何かに没頭していると、時間が経つのは本当に早いです。

もしも動詞で自分の好きなものを見つけられなければ、時間を忘れて没頭してしまうものが何かを、思い出してみてください。

それが、あなたの好きなことです。

「嫌な仕事」とは対極で、忙しくてもついひきうけてしまう仕事、ほかの人が振られているのを見ると「やりたかったのに」と思う仕事も、あなたの好きな仕事であり、あなたに向いている仕事です。

嫌な仕事の中には、生理的に受け付けないとでも言いたくなるような仕事もあります。たとえば「エクセルだけはどうしても嫌」「知らない人に電話するなんてありえない」といった具合です。

これらの「嫌」「ありえない」が食わず嫌いなのであれば、一度くらいは試してもいいのではないかと思いますが、**試した上で、それでもどうしても嫌なら、その仕事はあなたに向いていない**ということです。

人はそれぞれ、会社のカルチャーとの相性が異なるように、仕事との相性も異なります。

不向きなものに取り組むような苦行は不要です。その分、没頭できる、向いている仕事に対して、妥協せずに取り組むべきです。

第3章のまとめ

そもそも

- 嫌な仕事の中に、自分を助ける仕事がある可能性がある

なぜなら

- どんなスキルが自分を助けるかはわからない
- 好きな仕事だけしていると使える呪文が偏る

だからやってはいけない

- いまの仕事だけに没頭する
- 仕事にコスパ、タイパを求める
- 同じ呪文だけを磨く

だからやるべき

- 新しい仕事はとりあえずやってみるの精神で臨む
- 日本一を目指すな、1000人中トップを目指せ

要するに

- 嫌だと思う仕事もとりあえずやってみる

第4章

「転社」でしか見えないもの

長く働き続ける

これからの時代の当たり前

この章は

こんな人に
読んでほしい

- **嫌な仕事**から抜け出したい
- **収入をアップさせたい**から転職したい
- 転職するなら**これまでの経験**を活かしたい
- 転職するなら**転職サイト**を使う

「センパイ、ちょっと聞いていただきたいことがあるんですが」

どうしたの？　何でも話してみて。

「同期が転職するらしいんです。せっかく入ったいい会社なのに、もったいないですよね」

いい会社なの？　嫌な仕事ばかり振られているんじゃなかったの？

「まあ、それはそうなんですけど、安定した業界だし、その中でも比較的大手だし、福利厚生もまあまあだし、下手に転職するより、いまの会社に勤めていたほうがいいと思っています」

そう考えているんだね。でも、会社がなくなったらどうするの？

「そんな、脅かすようなことを言わないでくださいよ。会社がなくなるなんて、考えたこともありません」

あなたは何歳まで働くつもり？

「65歳です。定年退職が65歳なので」

それはどうなのかな。多分、あなたの世代は80歳くらいまで働くことになると思うよ。

「えぇ〜。ということは、あと50年近く働くんですか⁉　嫌だなぁ」

50年後の世界を想像できる？

「できません。いまよりも便利になっているのかなぁとは思いますが」

じゃあ、いまから50年前の人が、いまを想像できていたと思う？

「50年前って、1970年代前半ですよね。オイルショックとかがあった頃ですか？」

それは1973年だね。たとえば、1969年にはシャープが10万円を切る電卓を発売しているよ。

「電卓？　それまでは10万円を超えていたんですか？　信じられない。いまなら

100円均一でも買えますよ」

1975年にはソニーがベータマックス、1976年以降、日本ビクター（現・JVCケンウッド）や松下電器産業（現・パナソニック）などがVHS規格の家庭用ビデオを発売しているよ。

「ビデオって、ハードディスクレコーダーの前に使われていた、あれですか？」

そうそう。もちろんその頃には家庭用のハードディスクレコーダーはもちろん、家庭用のパソコン、スマホどころか携帯電話もないし、インターネットもなかった。

「そんな生活、想像できないですよ。きっと、当時の人たちも、いまの生活を想像できないだろうな」

そうだね。だとすると、80歳のときに、世の中がどんな風になっているかは想像できなくて当たり前だよね。

「じゃあ、どんな準備をしておけばいいんですか？」

転社は「しなければならない」

転社は「したほうがいい」「しないほうがいい」を議論する時代は終わりました。

そうした議論は、転社をする人が少数派、あるいは、する人しない人が拮抗していた時代のものです。

しかしこれからは、ほとんどの人が転社をすることになります。

その理由はまず、**終身雇用・年功序列というシステムが崩れた**こと。

そもそも新卒で正社員になれない、なったとしてもその会社が50年持たない、持ったとしても給与もモチベーションも上がらないといったことが珍しくないのですから、新卒で入った会社に定年まで勤め続けられる人のほうが、これからは例外になっていきます。

だから、転社は当たり前のことになります。

「したほうがいい」「しないほうがいい」ではなく「するもの」になっていくのです。

では、そうした時代に転社とはどのような意味を持つのでしょうか。

これからの転社は、単に所属先を変えることではありません。

これからの転社は、新しい組織で、新しく自分のポジションをつくることです。

転社先のポジションに就くのでも、転社先からポジションを与えられるのでもなく、そこに自分でつくることです。

ですから、転社すれば転社活動は終わりではありません。むしろそこをスタートとして、新しいポジションづくりをしていくことになります。

そうした意識でいると、また転社をしても、転社前の組織におけるポジションは過去のものにはなりません。しっかりと経歴として刻まれます。

転社経験の本当の意味

どのような組織にも独特のカルチャーがあります。同じ業界でも会社ごとに文化は異なりますし、同じグループに属していてもやはり会社ごとに文化は異なります。そうしたことを頭では知ったつもりでいても、それはやはり「知ったつもり」の域を出ません。

文化が違うということは、常識が違うということです。

ある会社では当たり前に行われていること、使われている言葉が、別の会社では周りをぎょっとさせる言動だった、ということは珍しくありません。

このこと自体には、慣れて修正していけばいいだけの話ですが、大切なのは、体験を通じて、いまの会社の文化・常識が社会全体の文化・常識ではないことを知ることです。

そうしないと、他社の文化に対して敬意を払うことができず、自社流のやり方を押し通そうとしてトラブルを起こしかねません。

さらに、他社の文化を理解しようとしない人物だとも見られます。これは損です。

特に、将来は独立したい、自分で経営者になってみたいと考えている人は、会社ごとに文化が異なることを、早いうちから身をもって経験しておくべきでしょう。

一社の文化しか知らないまま独立し、その文化を踏襲しようとすると、周囲からは柔軟性に欠けていると思われてしまいます。

こうしたことは、転社によって異なる文化を実体験していれば簡単に防ぐことができます。ひとつの会社に居続ける美学もあるとは思いますが、社会トレンドが転社前提となる時代だからこそ、順応力・適応力という意味で転社経験はむしろプラスの材料に変わっていくと推察しています。

異動は転社のかわりにはならない

転社はハードルが高いので、社内の別部署に異動して新しいことに挑戦してみたい。

そう思う人もいるかもしれません。

ただし、異動は転社のかわりにはなりません。

なぜなら、部署が変わっても文化は変わらないからです。

むしろ「異動先で異なる文化を体験できた」といった勘違いのもとになりがちです。

どれだけ違うように見えても、社内は社内。醸成されてきた文化は共通のものです。

もちろん、異動の目的が異なる文化の体験ではなく、社内でのジェネラリストを目指すとか、いまとは別の部署を経験してみたいといったものであればそれもいいでしょう。

しかし、社内でジェネラリストを目指すことにどれだけの意味があるでしょう。社内で重宝される人間になったところで、その社という枠組みが崩れ去ってしまっては、得たスキルもかけた時間も無駄になってしまいます。社内でのジェネラリストを目指すというのは、それほどリスクの高い行為です。

いまとは別の部署を経験してみたいというのは悪くありません。

ただ、どうせ移るなら部署だけでなく会社ごと移ったほうが、より価値ある経験ができますし、社外の人に対しても大きなアピールになります。つまり、**異動より転社のほうがタイパもコスパもいい**ということです。

それでも異動にこだわりますか？

これからの社会人は8社を経験する

少し前に、日本の正社員は40歳くらいまでに約6割が転職を経験しているという調査結果が話題になりました（リクルート『就業者の転職や価値観等に関する実態調査2022』）。回数については、50代の約半数が3回以上とのことです。

この数字をどう感じるでしょうか。

私はまだまだ少ないと感じています。

今後は、人は仕事人生を終えるまでに8回くらいは転社するようになるのではないか。私はそんな風に考えているからです。

そして、転社ゼロから転社8回までの過渡期は、もうとっくに過ぎたという印象です。

8回ということは、50年働くとしたら6〜7年に1度は転社するイメージです。あなたの場合はどうでしょうか。

なぜいまより転社が増え、当たり前になると考えているかというと、**これからの世の中では、同じ会社に留まり続けることは大きなリスクになる**からです。

これだけ世の中の変化が加速すると、一生勤めるはずだった会社がその変化についていけずに役目を終えるまでの時間は短縮されます。一社がなくなるだけなら同業他社に転じればいいかもしれませんが、業界全体が大幅に縮小し、なくなってしまうことだって考えられます。

つまり、本人にその気がなくても、転社しなくてはならない状況に追い込まれる可能性が、以前よりもずっと高まっているのです。

たとえば、かつて、ラジオは放送の花形の仕事でしたが、テレビの登場によって主役の座を奪われました。そして主役であるはずのテレビもいま、ネットフリックスやYouTubeなどの配信サービスを相手に、壮絶な生き残り争いをしています。

転社未経験者は警戒される

あなたが、人事部門で中途採用を担当しているとしましょう。同じポジションにキャリアのよく似た2人が応募してきました。

よく似ているのでどちらを採用するか迷います。ただ、2人のうち1人は転社経験者で、もう1人は転社未経験者です。

どちらを採用するでしょうか。

答えは、転社経験者です。

なぜかというと、**転社経験があるということは、新しいカルチャーに慣れた経験があるという見方ができる**からです。

採用する側にとって、これほど心強いことはありません。中途採用担当者にとって最悪なのは「入ってみたらカルチャーが合わなかった」と早々に辞められてしまうことです。どれだけ立派なキャリアのある人を採用できても、辞められてしまっては徒労感ばかりが募ります。

しかし、だからといって面接で「あなたは我が社のカルチャーに馴染めますか？」と質問する採用担当者はいません。質問したところで、的を射た答えは得られないと思っているのか、そもそもそういう質問の必要性に気付くことができていないかのどちらかでしょう。

だから、意識しているか否かは別として、その人の過去の事実の中から柔軟性を見出そうとするのです。

そうした視点で眺めてみると、一社一筋で来た転社未経験者は、柔軟性に欠ける人物に見られてしまう可能性があります。

私も転社にあたっては面接を受けましたが、採用する側は私のスキルや経歴よりも、カルチャーに馴染めるかどうかも見極めようとしていると感じました。

カルチャーに合わせられないのか、合わないのか

文化に合う、合わないといった話をしてきましたが、誰にでも、どうしても合わない文化というものはあります。これは、生まれ持っての性格と長い時間をかけて培われた文化との相性の問題で、どちらが悪いというものではありません。

それゆえ、合わないのに無理をして合わせようとして、苦労をしているケースもよく見られます。

合わない文化に合わせる必要はありません。

そのためには、合わない文化を選択しないことです。**異なる文化の中でも、自分と**

合いそうな、自分が合わせられそうな文化を選ぶことです。

自分が柔軟になることで合わせられるのか、どんなに頑張っても無理そうなのかは、しっかりと見極める必要があります。

しかし実際には、文化ギャップがあちこちで見られます。

この現象が最もよく見られるのは、実は新卒の就職時です。

私から見ると大学生は、就活をどこかゲームのように攻略しようとしています。どうしたら異世界へのドアを開くことができるのか、知恵を絞って格闘しているかのようです。就活を楽しむというメンタルは素晴らしいと思うのですが、しかし、そのゲームに夢中になりすぎて、**素でいることを忘れてしまっていないか**が心配になることもあります。

たとえば、面接で質問されたとき。

自分ではそんなことを思っていないのに「これが扉を開ける呪文だ」と相手が求める答えを口にしてはいないでしょうか。

これなら、確かに面接という戦いを勝つことができるでしょう。就活というゲームでも好成績を収められそうです。

しかし、就活の終わりはゲームの終わりであるかもしれませんが、その後の仕事については完全なるスタートラインです。

そのスタートラインに、素ではない姿で立ったとしても、すぐに会社と本当の自分との間のギャップに苦しむようになってしまいます。

だから面接には、素で臨んだほうがいいのです。

そして、新卒の就活時に素で臨まなかった人は、せめて転社時の就活では素で向き合い、不要なギャップに苦しまないようにしてほしいです。

その場しのぎの演技は、その場を乗り切るには効果絶大です。しかし、その効果は長持ちしません。あとに残るのは、その場しのぎで演じた自分と、素の自分とのギャップです。このギャップの存在は、あなたのことも組織のことも不幸にします。

素とのギャップは少しずつ埋める

素とのギャップは、つくらないのがベストです。つくってしまうと後々苦しむのはあなた自身です。

それでもつくってしまったら、そのギャップは少しずつ時間をかけて埋めていくしかありません。

もしも入社面接で「どんな仕事にも全力で取り組みます」と答えていて、入社直後も、あらゆる仕事に対して前向きなやる気を見せていたあなたが、急に「この仕事にどんな意味があるんですか」などと言ったら、周囲は驚いてしまいます。

だから、コミュニケーションなのです。挨拶でありボケなのです。

挨拶というコミュニケーションで、自分を周りに知ってもらう。振られた仕事が無理だなと思ったら、我慢して背負い込まずにアピールしながら断る。会議などで自ら進んでボケることで「こういうことを考えている人なのか」と認知してもらう。

こうしたことをしているうちに周りには、あなたに対して「あいつはああいうやつだから」といったイメージができていきます。

そのイメージは、なんでもニコニコ引き受ける明るく頼れる会社員の理想像からは遠くかけ離れているかもしれません。でも、それがあなたの素です。そして、その素を出すことが、素とカルチャーのマッチングの第一歩です。

来年の年収アップより、長く働く力

転社となると、収入面が気になる人も多いでしょう。転社をするのは収入をアップさせるため。そんな風に考える人もいると思います。

しかしこれまでも書いてきたように、転社が必要なのは、そうせざるを得なくなるからであり、また、転社経験の有無が、その後も長く仕事を続ける上でものを言うからです。

これからの時代は、生きていく上で長く働く必要があります。いま言われている定年の年齢まで仕事をすれば終わりではありません。

長く働くには、それなりのスキルとキャリア、そして何より、その文化にフィットできる柔軟性と適応力が必要です。それらを養えるのは転社であり、転社をしなければいつまでも、特定の1社でしか通用しないスキルだけを持った、頭の固い人でいる状態に近づいていてしまいます。

転社はそうした力を蓄えるためのものであり、来年の年収を上げるためのものではありません。ですから、年収が下がることは転社をためらう理由にはなりません。

それに、目先の収入アップのための転社は、あなたを苦しめかねません。お金のために転社するということは、仕事において最も優先順位の高いところにあるのがお金ということでしょう。

そう考えてしまうと、カルチャーにフィットしなかったとき、それでも我慢しようとしてしまいます。お金のために、素の自分を偽ろうとしてしまいます。それでは、長いキャリアの一部を形成するどころか、潰れてしまいます。

絶対に避けるべきです。

重視したいのは、短期的な収入よりも長期的な収入です。

転社経験を活かして長く働けるようになれば、多少の年収ダウンは十分に補えます。柔軟性を身につけながら年収も上げられれば最高ですが、そうやって条件を厳しくすることは、転社へのハードルを高くしてしまいます。転社の本質的な目的を見失わないようにしてください。

経営にも単年ごとの短期の経営成績を示すＰＬ（損益計算書）と、長い年月をかけて培ってきた資産状況を示すＢＳ（貸借対照表）という指標があるように、転社の際にもぜひ長期目線のＢＳを意識して動いてみてください。

反対している人の価値観は古くないか

転社、しかも年収が下がるとなると、家族に反対されることもあるでしょう。それでも転社をすべきなのは、ここまで書いてきたとおりです。ただ、そうは言っても、身近な人には反対されたくないという気持ちも理解できます。

経済的基盤が揺らぐことを家族が心配しているのであれば、長くその経済的基盤を確保することに、転社が必要なのだと説明をしてください。転社しないほうが安定的だと考える人の多くは、過去の価値観にとらわれていることが大半です。

特に、終身雇用・年功序列の会社を勤め上げた世代、その世代の影響を大きく受けている子供世代は、転社に否定的になりがちです。

しかし、そうした世代が転社に否定的になる根拠は、過去にしかありません。かつて終身雇用に守られた人がいい思いをした時代があったということだけが、こうした世代の論拠です。それらの方々は欧米型のキャリア観を説明できないのではないでしょうか。

そして、ここ日本でもこれからの時代は過去とは全く異なります。全く異なる環境では、昔の常識や戦略は通用しません。

これからの時代を生きる人は、これからの時代を見つめ、その先でどうやって働き続けるのかを自分自身で戦略的に考える必要があります。そうやって考えることは、先人の言葉を鵜呑みにするのとは対極です。

いきなり転社が怖ければ

それでもまだ転社が怖い、そこまでは踏み切れないというのであれば、いまの会社とは別の文化を体験するために、**副業**を始めてみるのがいいと思います。

この場合も、目的は収入ではありません。それまでしてこなかった仕事体験です。なのでたとえば、収入のために個人で投資を始めるようなことは、ここでいう副業とは違います。また、普段は社業としてプログラムを書いている人が、週末は個人でプログラミングの仕事をするというのも違います。

副業を選ぶときにも、転社をするときと同じように、文化を基軸にすべきです。

柔軟性を身につけるための副業選びのポイントはもうひとつあります。

それは、**誰かとチームになって働けるものを選ぶこと**です。

先程の週末プログラミングのように個人で完結してしまう仕事では、新しい文化に十分に浸かることができません。

それよりも、人間関係が濃密なものを選び、異文化の洗礼を浴びましょう。副業収入は、そうした得難い経験についてくるおまけのようなものです。決しておまけをメインにしようとしないでください。

20人に会えばカルチャーがわかる

さて、転社するならそのカルチャーに合わせられる会社を選ぶべきだとずっと書いてきましたが、では、転社前にそのカルチャーについて知るにはどのようにしたらいいのでしょうか。

その会社の採用サイトを見る、働いている人のSNSをチェックする、会社研究本のようなものを読む、いろいろな方法があると思いますが、一番、確実なのは、その会社で働いている人と会うことです。会って話をすることです。

1人や2人と会っても心もとないかもしれませんが、20人ほどに会えば、確実にその会社の文化がどのようなものなのかがわかります。

20人に会うのは、そう難しいことではありません。

以前なら、特定の会社の人と会って話をしようとしたらアポを取るのも大変でした。しかしいまはSNSがあります。転社をしたいとまで言わなくていいので、会社や仕事に興味があるのでとアポを入れてみればいいと思います。断る人もいると思いますが、受けてくれる人もいるはずです。そうやって最初の1人が見つかれば、あとは紹介してもらうこともできます。

20人に会うには、それなりに時間がかかります。転社をしようと決めてからだとその時間が永遠に続くような錯覚に陥るかもしれません。

なので、転社活動は転社を意識する前からしておいたほうがいいです。

つまり、こういうことです。

いまの仕事をしながら、興味のある会社で働いている人と会って話をしておくのです。転社活動だと肩肘張らず、情報収集や興味の探究、人脈の開拓と考えると気が楽かもしれません。そして、特定の会社の文化をある程度理解できて、そこで働きたいとなったら、本格的に転社の手続きに入るのです。

転社あっての転社活動ではなく、日常的な転社活動あっての転社です。

エージェントやリファラル採用は回避する

転社活動あっての転社なので、転職エージェントに転社先を探してもらうという選択肢はありません。

そもそもこの方法では、転社先の文化について事前に十分な予習ができないので、転社後にカルチャーギャップに苦しんでしまうかもしれません。それではなんのための転社かわからなくなってしまいます。

そして、リファラル採用もあまりおすすめしません。というのも、間に入る人によって、会社の文化の印象も、あなたの印象も、互いにずれて伝わる可能性があるからです。

その会社に関する情報の精度は、転社を前面に出していない素のとき、つまりなんとなく20人くらいに会っているときのほうが高確度で得られますし、それに、大事なのは自分との相性なのですから、やはり自分の目で見て耳で聞いて、判断をすべきです。

私もTBSに転社したときは、エージェントを使わず、また、リファラル採用でもなく、TBSのホームページにあった中途採用のお知らせを見て応募しました。

あの会社は募集していないだろうと思わずに、採用ページを見てみると、案外とすんなり、手がかりが見つかるかもしれません。

落ちたら「カルチャーに合わない」と思われただけ

20人に会って「ここだ」と決めた転社先に、採用ページという正門から入っていこうとした結果、面接で落ちることもあります。

でも、それは仕方のないことです。素で受けた面接で落ちるということは、会社側が「この人はカルチャーに合わない」あるいは「スキルミスマッチ」と判断したということです。仮にその判断が間違っていたとしても、その判断基準や価値観についてはどうすることもできません。

別にあなたの人格が否定されたわけではありません。
相性が悪かった、あるいは今回は縁がなかったと思って、次へと進むだけです。

それに、面接で落としてもらうというのは、ある意味でラッキーです。
最悪なのはうっかり入社してしまってから「実は合わなかった」となることなので、その最悪を回避できたと前向きに考えます。

入るとき以上にきれいに辞める

別の会社へ転社するには、いまの会社を辞める必要があります。一般的に、退職する場合には、退職日の2週間前までには会社に対してその意志を伝えておくべきだとされています。

しかし、いきなり「2週間後に辞めます」では、周囲を驚かせて、困惑させてしまいます。場合によっては怒らせてしまって、最悪の別れ方をしてしまうかもしれません。それでは、これまでのあなたの貢献が台無しです。

辞めてみるとわかりますが、辞めればその会社と縁が切れるわけではありません。むしろ、かつての同僚ということで相談相手になってもらったり、逆に相談をしてもらったりと、他の方法では手に入れられないような縁がそこに結ばれます。

一社だけに勤めていては絶対に得られない豊かで広く、強固な人脈。いえ、利害のともなわない人間関係です。これも、転社を重ねる人だけが得られる貴重なアセットです。

なので、円満に辞めるに限ります。

ここでもやはり日頃からのコミュニケーションが大切です。「辞めます」と伝えたときに「残念だけど、落ちついたら会おうね」と言ってもらえるような関係を意識するのです。

難しいことではありません。仕事の意義を尋ねるのと同じように、相対するのではなく、横に並ぶようにして相談し、いまの仕事を続けていていいのか迷って悩んでいることを、伝えておくのです。

それも含めてあなたの素を理解してもらう、ということです。

第4章のまとめ

そもそも

- 転社せずに働き続けられると思わないほうがいい

なぜなら

- あなたの仕事人生のほうが会社の一生より長い
- 転社しなければ長く働き続けられない

だからやってはいけない

- 会社の中でしか通用しないサバイバル能力を身につけようとする
- 一社のカルチャーがすべてのカルチャーだと信じ込む

だからやるべき

- 価値観が合う新しいカルチャーに飛び込む
- 転社経験という武器を身につける
- 転社活動は日常的に行っておく

要するに

- 何度も転社する時代を見据え、いまの仕事に向き合う

第 5 章

独立の前に海外へ

MBA留学より大事なこと

この章は

こんな人に読んでほしい

- 海外で働くのは**選ばれた一部の人だけ**
- 自分は**外資系**とは縁がない
- いまさら**英語**を勉強したいと思わない
- 英語ができなくても**AIがなんとかしてくれる**

「センパイ、ちょっと聞いていただきたいことがあるんですが」

どうしたの？　何でも話してみて。

「大学時代の友人が、ＭＢＡをとるために海外に留学するらしいんです。あいつ、昔から優秀だったからなぁ。旅行や出張以外で海外へ行くなんて、選ばれた人だけですよね」

そうかな。これからの時代海外はもっと身近になるし、そもそも、日本で働いていても、外資系企業の存在感は増していくんじゃないかな。

「そうですか？　まあ、だとしても私には関係ないことです。日本で生まれて日本で育って、日本の学校で教育を受けてきた私には、日本の企業が合っています」

そうかもしれないね。でも、いつまでもすべての日本企業が存続するかな。

「うーん。少し前の自分なら『するでしょう』と答えていたかもしれませんが、センパイと話をしてきたので『しないかもな』と思います」

ということは、いつか外資系企業で働くことがあるかもしれないね。

「そうですね」

社内共通語は英語になるかもしれないね。

「えええ、それは嫌だなあ。英語は苦手なんです。それに、最近はＡＩが発達しているから、リアルタイムで自動翻訳ができるようになって、英語ができなくても大丈夫になるんじゃないでしょうか」

仕事の話はそれでもできるかもしれないね。でも、自分を知ってもらうため、相手を知るための、ニュアンスが大切な会話もそれでいいのかな。

「そう言われると……。じゃあ、私も思い切って留学したほうがいいですか？」

海外へ行くなら、留学するよりも働いたほうがいいと思うよ。

「ええ、でも、留学すればＭＢＡとか学位が得られてハクがつくけど、働いても、その間の給料はもらえるけど、他には特に何も得られないじゃないですか」

海外でも実務経験という、何物にも代えがたい経験が得られるよ。それに、海外の企業のカルチャーにフィットできたという証拠も手に入る。

「そうかもしれないけど……でも、センパイは海外で働いたことがないですよね？」

ないから、言っているんだよ。私は、私がやってきたことをやればいいよ、なんて言うつもりはないんだ。だって、生きる時代が違うからね。私の世代は、海外経験がなくてもなんとかやってこられたけれど、これからの時代はそうはいかないと思っている。

なぜ「できる人」は海外に行くのか

最初にお断りしておきますが、私には海外勤務経験がありません。なので「やってみた私が言うのだから間違いありません」というすすめ方はできません。それでも、海外で仕事をするチャンスがあるのならすべきだし、ないのならつくる努力をしたほうがいいと思います。

会社が異なればカルチャーも異なりますが、国が異なればもっとカルチャーが異なります。その究極の異文化を、働きながら体験できるのが海外勤務です。

仮に取り組む仕事の内容が日本の企業にいたときと同じであったとしても、それ以外のすべてがまったく異なります。現在、私は自社を創業し海外企業への経営コンサルティングも積極的に行っています。文化という視点では、海外企業と日本企業は、契約書も仕事の進め方も、何もかもが異なります。

海外で働くのは、会社から推薦されるような優秀な人という思い込みがあるかもしれません。しかし私は、**海外で働けた人が優秀な人になる時代**だと思っています。

新しい海外の文化、新しい海外の企業にフィットしていくことができれば、それは、高い柔軟性を持ち合わせていることを意味し、周囲からもそうした力のある人物だとみなされるようになるからです。

なので、極端なことを言えば、海外での仕事内容にはそれほどこだわる必要はありません。大切なのは、異文化の中でサバイバルしたという事実です。

社会人が海外で暮らすとなると、海外転勤やMBA取得のための海外留学をイメージする人もいるでしょう。

しかし、海外転勤はあまり意味がありません。なぜなら、場所は海外でも会社の文化は変わらないからです。もちろん、現地ならではの文化もあるでしょう。しかしそれはバリエーションのひとつにすぎず、別の視点や発想を与えてくれるものではありません。やはり、せっかく海外で仕事をするなら、転社も含めて考えたほうがいいでしょう。

そして、仕事をして収入を得ながら長く働くための経験値を積むという意味では、MBAもあまり意味がありません。なぜなら、大学院生である間は、奨学金は得られるかもしれませんが、それ以外の収入の点で不安が生じるからです。

こうして比較すると、海外企業での勤務の良さが際立つと思います。

英語を勉強しなくていいのは
もう仕事をしなくていい人だけ

最近は人工知能が高精度化し、翻訳ソフトやツールもかつてに比べてかなり進化しました。海外旅行などでは、こうしたツールで十分に滞在を楽しむことができるでしょう。

ただ、仕事となると話は別です。リアルタイムのコミュニケーションに、いちいち翻訳ツールというワンクッションを挟むのは、もどかしいものです。どうしても現地の言語の習得が求められます。具体的には、英語であることが多いでしょう。

なので、これからも英語力は求められ続けていきます。**もう英語を勉強しなくていいのは、もう仕事をしなくていい人だけ**です。

社会人の英語勉強法としては、かつてはテレビやラジオでの講座が主流で、その後、英会話スクールが隆盛を極めましたが、いまなら、オンラインでの英会話がお手軽です。低価格で、自分の好きな時間に、ネイティブとの会話を通じてスキルアップできます。

学生時代に英語が苦手だった人も、心配はいりません。英語はツールなので、使っているうちに使い方がわかってきます。私も、3社目に転社してから半ば強引に英語を身につけました。

トヨタ、TBSと日本の伝統的企業に勤務した私の3つ目の職場はアクセンチュアでした。外資系のコンサルティング会社です。いきなり入ったプロジェクトは海外との合同チームで進められ、当然のことながら、共通語は英語でした。

オンライン会議でずっと黙っていて、上司から「山本さん、今日は一言もしゃべっていないね」と言われたこともあります。しゃべらなかったのではなく、しゃべれなかったのです。

それからというもの、私は英語の勉強を始めました。なので、磨いた刀で次の仕事を切り開いたのではなく、次の仕事によって避けてきた刀を手にせざるを得なくなったというのが実際のところです。それまでの私にとって、英語を学ぶことはまさに嫌な仕事だったわけですが、嫌だと言ってはいられなくなりました。

オンラインの英会話レッスンに申し込み、時間さえあれば、ネイティブの人たちとの会話に勤しみました。

すると、まさかというかやはりというか、やっているうちに楽しくなってくるものです。英語でのオンライン会議への苦手意識がなくなるまで、それほど時間はかかりませんでした。

英語をすすめるのは、私にこのような個人的な体験があったことだけが理由ではありません。

英語ができるようになれば、職場の選択肢が増えます。

外資系企業への転社も視野に入りますし、海外で働くことだってできるようになります。

だから、英語なのです。

仕事の幅より多くのカルチャー

英語ができるようになって職場の選択肢が増えれば、新しい体験が増え、その人にできることが増え、その分、頼りにされることも増えます。

それはつまり、長きにわたって仕事に困らないということです。**日本語しかできない人に比べると、仕事がなくなって生活できないという悲劇を避けられる**のです。

こう書いてしまうと、仕事の幅を広げるために英語を学ぶべきだ、と主張しているように見えるかもしれませんが、実は、それは本質的な目的ではありません。

むしろ、より多くのカルチャーを体験するために英語が必要だと考えてみてください。

そしていまの日本を直視し、これからの日本を考えると、日本における外資系企業の割合は、今後、どんどん増えていくでしょう。これは、ずっと日本で働くつもりでも、日本企業で働き続けられるとは限らないことを意味します。英語ができないから外資系企業は避けたい、などと言っていては、働ける場所がなくなってしまいます。これでは、せっかく転社で身につけてきた柔軟性やスキルが無駄になります。

人生100年時代の「次の仕事」

次の長く働くとは、長く会社員でいることを意味するものではありません。いくつもの会社でいくつもの文化を学び、また、スキルも磨くことで、社内だけでなく社会的にも唯一無二の存在となれれば、独立しても十分にやっていくことができるでしょう。

また、この先70歳、80歳まで働くとして、その年齢になっても会社員として勤め続けるというのは、あまりリアリティがありません。会社員よりももっと自由度の高い立場で仕事を続けていくほうが現実的でしょう。

そうした働き方には、広い人脈とそれにふさわしい多様で柔軟な考え方、そして確実なスキルが欠かせません。

裏を返せば、それらの準備が整わないうちは、独立しないほうがいいということです。

当たり前のことですが、独立すると会社からもらえる給料は出ません。仕事がないことは収入がないことを意味します。ですから、仕事を取ってくる力、仕事を依頼される魅力のようなものが求められます。そうした力をつけてからでないと、独立はあまりにもリスクが高すぎます。

それに比べると、転社のリスクなど微々たるものです。

転社先でも収入が保証されますし、その保証のもとで、新しいことに挑戦できます。

そして、異文化を理解できる人としてのキャリアも積むことができます。一社だけに勤め続けていても、すぐに独立してしまっても、こうした経験はできません。

独立をするなら、満を持してからのほうがいいのです。

独立はしなくてもかまいません。いくつもの会社を渡り歩いて長く働ければ、それはそれで幸せです。ただ、そうやって働いていると、独立の資格というか、権利というか、いつでも独立できるだけの力が身についていきます。

転社や海外勤務の経験は、いずれ独立する人にとってもそうでない人にとっても、財産にしかならないのです。

独立しても最後まで手元に残る仕事

トヨタ、TBS、アクセンチュアと転じた私は、いま、自社を創業し、経営者としても、一人の戦略コンサルタントとしても活動しています。

自分で会社を経営してみて痛感しているのは、経営者の仕事とは決断だということです。決めることが、社長にしかできない、社長の仕事なのです。

その決断の中には、誰に何を頼むかという決断も含まれます。ある仕事が、ある人にとっては嫌な仕事であり、また別のある人にとっては夢中になれる仕事であることも、日々、実感しています。仕事と人の相性を見ながら仕事を振っていくのも、経営者に求められる役割だと思っています。

ということは、私は、周りにいる誰がどんな人なのか、何に向いていて何を嫌だと思っているのかを知っていなければなりません。

結局のところ、**経営者にもコミュニケーション能力が必須**なのです。

第5章のまとめ

そもそも

- 海外で働くと転社以上に異なるカルチャーを経験できる

なぜなら

- 仕事以外のカルチャーも何もかも違うから

だからやってはいけない

- 海外経験のために留学する
- 英語力をAIに丸投げする

だからやるべき

- 海外では勉強ではなく仕事をする
- 英語はオンラインで十分に身につけられる

要するに

- 海外での仕事経験は柔軟性の証拠
- 海外経験は独立のためのリハーサル

第6章

嫌な仕事との付き合い方

それでも嫌な仕事は
誰かに任せていい

この章は

こんな人に
読んでほしい

- **いつまで収入を得られるか**不安だ
- **70歳で働いている自分**がイメージできない
- 嫌な仕事と早く**お別れ**したい
- **楽しい仕事だけ**していたい

「センパイ、ちょっと聞いていただきたいことがあるんですが」

どうしたの？　何でも話してみて。

「前は嫌だなと思っていた仕事をやってみたら、案外と自分に向いているかもしれないと思えるようになりました。近々、転社もしてみようと思っていて、それに向けても準備をしています」

いいね。応援しているよ。

「いろいろな会社、カルチャーを経験したら、いつかはセンパイみたいに、独立して仕事をしてみたいと思っているんです。独立すれば、さすがに嫌な仕事から完全に解放されますよね」

完全には解放されないよ。

「ええ、そうなんですか。じゃあ、独立する意味が半減してしまいます」

でも、嫌だなと感じる仕事を頼める仲間、それを引き受けてくれる仲間はできているよ。

「嫌な仕事を誰かに頼むんですか？　なんだかそれは嫌われそう」

でも、あなたにとって嫌な仕事が、誰にとっても嫌な仕事とは限らないよ。

「確かにそれはそうですね。でも、自分にとって嫌な仕事を引き受けてくれる誰かを探すのは大変そう。やっぱり、異業種交流会とかに参加して、人脈を広げる必要があるんでしょうか」

いやいや、そんなことをしなくても、二刀流を目指しつつ働き、そして転社を繰り返していれば、いつの間にか人脈はできているものだよ。

「そうなんですか？」

そうだよ。そして、自分も誰かから、その誰かが嫌だと思っていて、でも自分は大好きな仕事を頼まれるようになる。

「それはいいですね。理想的です」

そうなるには、いまの会社にしがみついていたらダメなんだよ。

「転社の重要性は理解したつもりですが、でも、それはどうしてですか？　同じ会社に居続けるから、お互いに人となりがわかるのではないですか」

実は〝別の会社の人〟になったことでしか見えない世界もあるんだ。

「本当ですか？」

ここだけの話、前の職場で折り合いがいまいちだった上司が、いまではとっても心強い味方になってくれたりとか。

「そんなことあるんですか？」

あるよ。だから、とにかくいまこの瞬間の早とちりで「この上司は嫌い」と決めてしまわないほうがいい。すぐに「この仕事は嫌な仕事」と、決めつけてしまわないほうがいいのと同じなんだ。

嫌な仕事を振れる人間になる

嫌な仕事と感じる仕事ほど、自分の未来を開拓してくれる仕事である可能性が高いです。だからこそ、あえてやってみることが必要で、そうすることで、生涯にわたって働く能力を蓄えられます。

しかしそれでも、どれだけ能力を備えたとしても、嫌な仕事と縁を切ることはできません。この本の最初のほうに書いたように、私には、100メートルを8秒で走ることはできないし、すでにいっぱい抱えている仕事がある状態で、ビッグプロジェクトにお誘いいただいても、断らざるをえないこともあります。

つまり、能力と時間の問題で、無茶な仕事というのは存在し続けるのです。

ただ、社会人1年目の頃といまとでは絶対的に違うことがあります。

それは「あの人ならやれそう」と思える人が、いまなら頭にパッと浮かぶことです。

残念ながら100メートルを8秒で走れる人は思い浮かびませんが、「あの人は毎朝走っている」「あの人はフットサルで鍛えている」といった人なら、片手では収まりません。なので、その人たちに「8秒への挑戦」という仕事を紹介することができます。

すると、たいてい感謝されます。「そういう仕事をやりたかったんだよ」「仕事でこんなに楽しいことをやっていいのかな」と。

これは例え話です。要するに、**自分にとっては無茶振りとしか思えない仕事に強い**

意欲と関心を示す人は必ずいるし、その逆もまた真です。

「え、そんないい仕事を振ってもらっていいの？」と思う紹介もあります。私には魅力的なその仕事も、その人にとっては無茶な仕事なのでしょう。

また、適任者を紹介できることで、最初に私に打診してきた人にも安心してもらえます。単に断るのとは、違う印象を持ってもらえるはずです。

嫌な上司が「敵」とは限らない

転社を重ねていると、「元職場の知り合い」がどんどんと増えていきます。この人脈も、異文化経験と並ぶ転社による財産です。

目の前の仕事で困ったとき、かつての職場の知り合いが助けてくれるということもよくあります。それも、同じ職場で働いていたときにはあまりソリの合わなかった人ほど、味方になってくれることもあります。

私の場合も、トヨタ時代はいまひとつ折り合いの悪かった元上司が、お互いに、いまでは最大の味方と言っていい存在になっています。違う環境で違う仕事をしていて、同じ目的を共有しているわけでもないのに、なぜか助け合っています。

おそらく、同じ職場にいたままでは見えていなかった、元上司の本当の姿が見えるようになったことが大きいと思います。きっとその逆もあるのでしょう。

なので「これは嫌な仕事」とあまりに早く決めつけてしまわないのと同じように、**「この人とは合わない」と思った人のことも、早々に敵認定しないほうがいい**です。一度、敵認定してしまうと、今後の長い仕事人生で、その人はずっと敵になってしまいます。敵にさえ回さなければ、もしかすると、いつかどこかで助けてくれるかもしれないのに、です。

相性が悪いと思っても、それはその瞬間の気の迷いかもしれません。

まずは目の前の「敵でも味方でもない人」を味方にする

職場に敵をつくる必要はありません。でも、味方はいたほうがいいです。

そして、大抵の人は、職場に敵も味方もいないと勘違いしています。そういう人は、自分の周りには、敵でも味方でもない人がいると思っているのです。

しかし、考え方を変えてみてください。その、敵でも味方でもない人は、本当は味方にすべき人です。その会社の目標あるいはあなたの志を達成するためのチームメンバーです。

ですから、困ったときには力を借りるべきだし、逆に、相手が困っているならこっちらが力を貸して、同志であることを確認しながら仕事を進めていくのが、本当はいいのです。

そう考えて周囲を見てみると、同僚はまさに同じ立場にいる味方です。戦闘力も経験値も同じくらいの味方です。

そして上司はというと、戦闘力も経験値も（おそらく）自分を上回る味方です。

ということは、この味方に参戦してもらえれば、戦いを有利に進めることができます。逆に、無駄に敵を増やしてしまうと、チームの戦力が減り、本来いなかったはずの敵が立ちはだかるという、かなりやっかいな状態になります。

そして、もともと味方である上司の力を借りるのをためらう必要もありません。むしろ、**自分を助けるために上司がいるのだと考えていい**と思います。

これまで、こうした目で上司を見たことがあったでしょうか。

上司は強力な味方です。いえ、味方につけるのです。それにより、それまで嫌だと感じていた仕事の総量は大きく減ることでしょう。

周りが味方だらけになれば、自分にしかできない仕事に集中できる

周りにいるのが味方ばかりだと思えれば、嫌な仕事を断るときの罪悪感も減らせられます。仕事を振る側、振られる側という関係が、同じプロジェクトで異なった役割を担う関係にスライドするからです。

もちろん、私の立場は、嫌な仕事もしたほうが後々のためになる、というものです。しかし、能力と時間の問題で、受けられない仕事がある場合には、断るのが理にかなっていますし、それでいいと思っています。味方同士だと認識していれば、そのお断りをしやすくなります。

その一方で、自分に適した仕事、自分が力を発揮できる仕事についてはどんどんと受けていくべきです。

実は、常に素でいて、コミュニケーションを大切にしていれば、入ってくる仕事のほとんどは、自分に向いた仕事ばかりです。なぜなら、素の自分を理解してくれている人が「これはあの人に良さそう」と思って持ってきてくれる仕事だからです。好循環が生まれるのです。

これはつまり、**自分ブランド**ができつつあるということです。ブランディングとは、自分を良く見せることではなく、ありのままの素の自分を知ってもらうことなのです。そして、「あの人なら」と具体的なイメージを、他人の頭の中に描かせるだけの存在になっているための努力を惜しまないことだと私は考えています。

狙わずにつくる自分ブランドとは

また、この自分ブランドは狙ってもなかなかうまくつくれません。狙ってつくろうとすると、つくることができた頃には古臭くなっていることもあります。なぜなら、狙うということは、そのもとになるシード（種）は自分の中にあるからです。

そして、自分の中のシードとは、過去のインプットによって生み出されていることが多いので、どこか周回遅れになりがちなのです。

その点、他の人から振られる仕事というのは、自分の外、つまり社会にシードがある仕事です。振られた瞬間にはシードの本質まで見抜けなくても、少しあとになってから「あの仕事って、こうした変化の先駆けだったんだな」とわかることが多々あります。**人の依頼に応えるというのは、先々の課題に直結している**のです。

そして、そうやって目の前の仕事に取り組み続けているうちに、いつの間にかできているのが自分ブランドなのです。

もちろん、狙ってのブランド形成も悪くありません。そもそも、転社はそのためのきっかけです。ただ、転社先でどんな力をつけるかはまた別の話です。

転社は、何か身につけたいスキルのためにするものではなく、まだ見ぬ仕事に挑戦し経験を積むためにするものです。そうした経験の蓄積で、自分ブランドがつくられます。

それでも目の前の仕事が嫌ならば

嫌な仕事は断ってもいい。でも、断らずにやってみてもいい。これが嫌な仕事に向き合うときの私の答えです。

そして、断らずにやってみた嫌な仕事は、後々になって自分を助けてくれる。これは、私の経験から言えることです。

だから、振られた瞬間に「嫌だな」と思った仕事は、秒では断らずに、やったほうがいいかもしれないと考え直してみてください。

それでも、考え直してもやっぱり嫌な仕事というものもあるでしょう。ここで言う嫌な仕事とは、能力も時間もあるのに、そして、その目的が理解できているのに、なぜかやりたくないと思ってしまう仕事です。

もしそのような仕事が存在しているのであれば、その仕事が嫌な仕事かどうかを考える前に、あなたといまあなたの勤めている組織の価値観を、改めて見つめ直してみるといいかもしれません。

どうしても、何度考え直しても嫌な仕事があるということは、あなたはその組織と相性が悪いのです。価値観や文化が異なっているのです。

そうした状況でその場に留まり続けるのはお互いにとって不幸です。人生は、そこまで嫌な仕事に費やす時間があるほど長くはありません。

では、どうしたらいいのか。答えはもうわかっているはずです。一刻も早く、安心して転社できるように本当の準備を始めましょう。

嫌な仕事に使っている時間がなくなってくる

味方に囲まれればやりたい仕事、好きな仕事に囲まれるから
相手の価値観がわかると味方が増えるから

自分の価値観を押し付ける

敵でも味方でもない人を味方にする
好きな仕事は引き受け、嫌な仕事はお願いする

支えて、支えられて仕事は続く
自分ブランドは結果的に確立される

本書を最後まで読んでいただき、ありがとうございます。

いかがだったでしょうか？

『嫌な仕事のうまい断り方』、少しは、みなさまのお役に立てたでしょうか？

本書をお読みいただく前と後で「嫌な仕事」という言葉の定義そのものが、みなさまの中で変化しているようでしたら幸いです。

一方で、文中にも書きましたが、振られた仕事を安易に「嫌だ」と思い込んでしまい、手も付けず安易に断ってしまうのは非常にもったいないことでもあります。

もしかしたら「嫌な仕事」は「女神の前髪」なのかもしれません。

そして、自分自身に蓄積されている経験値と、まだ自分自身も知り得ない可能性との両方を混ぜ合わせて、人生を進めていくと、それこそ唱えられる呪文の数も気付けば増えているものです。

狙ってスキルアップをする方法もありますが、意外と私も自分の過去を振り返ると「あのとき、あの仕事を断らなくてよかった」と思うことが多々あります。

「動きながら考える」もしくは「動いてから判断する」。

このスタンスに尽きるのかもしれません。

これからの時代、機会ロスは自然淘汰の対象になります。

昭和後期から平成までのこの国の環境が恵まれ過ぎていたのかもしれません。振られた仕事を盲目的にやっていれば生き残れたのですから。

将来にご不安を抱えている方も少なくないと思いますが、自分の人生は自分でなんとかするしかありません。いつあなたの会社が倒産してもおかしくない時代です。そんなときに頼れるのは自分しかいないのです。

私はそんな世の中を決して望んではいませんが、その反面、〝備えは必要〟と考えます。

「時代を見据えた備えのきっかけとなる本を書いてほしい」という話を出版社の方からいただき、その思いに共感し、本書を執筆するに至りました。

この本が少しでも誰かのお役に立てたのなら、著者としてこれ以上の喜びはありません。

また、この本を出版するにあたっては、ここに名前を書ききれないくらい、本当に多くの方にお世話になりました。紙幅の都合上、すべての方のお名前を書くことはできませんが、この場を借りてお礼申し上げます。特に執筆を陰ながら支えてくれた家族や会社の仲間に「ありがとう」の言葉を贈ります。そして私を育ててくださった古巣であるトヨタ、TBS、アクセンチュア、及び数多くのクライアントのみなさまに、この場を借りて感謝申し上げます。

最後に、この本を手にとってくださった読者のみなさま全員に納得できる人生が訪れるようお祈りして、筆を擱くことにします。

2023年9月
山本大平

［著者プロフィール］

山本 大平（やまもと・だいへい）

戦略コンサルタント／データサイエンティスト

2004年に新卒でトヨタ自動車に入社し長らく新型車の開発業務に携わる。トヨタ全グループで開催されるデータサイエンスの大会での優勝経験を持つほか、副社長表彰・常務役員表彰を受賞する。

その後、TBSテレビへ転職。『日曜劇場』『SASUKE』『輝く！日本レコード大賞』などTBSの注力番組のリブランディングを数多く手掛け成功させる。

さらにアクセンチュアにて経営コンサルタントの経験を積み、2018年に経営コンサルティング会社F6 Design社を創業。トヨタ式問題解決手法をさらにカイゼンし、統計学を駆使した独自のマーケティングメソッドを開発。企業／事業の新規プロデュース、企業リブランディング、AI活用といった領域でのコンサルティングを得意としている。さらに近年では組織マネジメントや人材育成といった人事領域のコンサルティングにも注力。

これまでにアコーディア・ゴルフ執行役員CMO、DMM.make AKIBA戦略顧問、SCENTMATIC株式会社CMOなど、大手からベンチャーまで数多くの企業の要職を歴任/兼任中。

趣味はアウトドア、野球。
大阪府出身、京都大学大学院エネルギー科学研究科修了。
2021年に発売された初著書『トヨタの会議は30分』（すばる舎）は10万部を突破。その他著書多数。

嫌な仕事のうまい断り方

2023年10月23日 第1版 第1刷発行

著者	山本大平
発行者	中川ヒロミ
発行	株式会社日経BP
発売	株式会社日経BPマーケティング 〒105-8308 東京都港区虎ノ門4-3-12 https://bookplus.nikkei.com/
ブックデザイン	沢田幸平(happeace)
編集	栗野俊太郎
編集協力	片瀬京子
本文DTP	マーリンクレイン
印刷・製本	中央精版印刷株式会社

本書籍に関するお問い合わせ、ご連絡は下記にて承ります。
https://nkbp.jp/booksQA

ISBN 978-4-296-00163-7
Printed in Japan